Hans Joachim Rech

Mit Kindern entdecken

Vulkane und Maare

Die Eifel per Rad

Fleischhauer & Spohn Verlag

Erscheint mit freundlicher Unterstützung von:

Im FinanzVerbund der Volksbanken Raiffeisenbanken

Schwäbisch Hall
Auf diese Steine können Sie bauen

Bildnachweis: Alle Aufnahmen stammen vom Verfasser.

Umschlaggestaltung, Kartenskizze und Layout: Rainer Wittner,
7435 Neustadt

Gesamtherstellung: Laub GmbH & Co., 74834 Elztal-Dallau

ISBN: 3-87230-545-X

Inhalt

Inhalt

Für alle Eifelfreunde ist es immer wieder ein besonderes Erlebnis, in der reichgegliederten Eifellandschaft neben Vulkankegeln, Maaren, Ginsterhängen, Bergkuppen, Steinbrüchen und Talsperren auch eine Vielzahl von Burgen und Schlössern bewundern zu können. In Prospekten und Reiseführern sind immer wieder die Bilder einiger bekannter Burgen zu sehen, so z. B. die von Eltz, Mayen, Bürresheim, Manderscheid, Heimbach, Monschau, Niedeggen.

Es ist sehr zu begrüßen, daß mit dem vorliegenden Buch eine qualifizierte Anleitung an wanderfreudige Familien, aber auch an andere Wander- und Radgruppen zum Besuch von Vulkanen und Maaren im Gebiet der Eifel gegeben wird, wobei die Entstehungsgeschichte dieser Vulkane und Maare und die darin vorkommende Tier- und Pflanzenwelt dem Besucher im Führer beschrieben werden.

Quer durch das Gebiet der Eifel haben die Städte und Gemeinden viel Zeit und Geld für den Erhalt der Burgen aufgewendet. Auch der Eifelverein hat mit Unterstützung der Gemeinde Manderscheid alles getan, um die Substanz der vereinseigenen Niederburg zu erhalten und der Öffentlichkeit den Zugang zu ermöglichen.

Der Besucher der Eifelburgen sollte aber auch nicht versäumen, die Schönheit der gesamten Eifellandschaft in seinen Besuch einzubeziehen. Er kann dabei auf die vom Eifelverein geschaffene Wanderweg-Infrastruktur zurückgreifen.

Ich hoffe sehr, daß dieser auf die „Familien" abgestellte Wanderführer dazu dient, das Familienwandern zu fördern. Das gemeinsame Wandern und Radwandern in der Familie und mit anderen Familien führt zu einem besseren Verstehen und neuen Freundschaften, die einer Isolierung auch im Familienbereich entgegenwirken.

Autor und Verlag kann man zu diesem gelungenen Wanderführer nur beglückwünschen und auf eine weite Verbreitung dieses Buches hoffen.

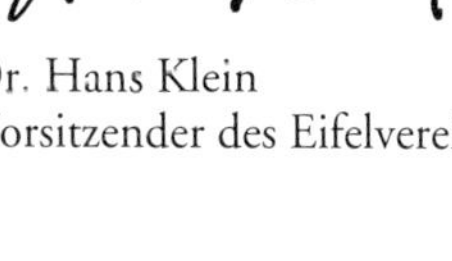

Dr. Hans Klein
Vorsitzender des Eifelvereins

Neben dem Fuß-Wandern ist wohl das Rad-Wandern der beste Weg, eine Gegend kennenzulernen. Nicht nur gesundheitliche Gründe und Aspekte des Umweltschutzes sprechen dafür, sondern die direkte Begegnung mit der Umgebung lassen einen Radtour zu einem Erlebnis werden. Das trifft besonders auf die Eifel zu. Sie gehört immer noch zu den ursprünglichsten Mittelgebirgen.

Vielseitige Landschaftsbilder, Burgen und Schlösser, reizvolle Dörfer, bedeutende Klöster, Geschichte und Geschichten, kühle Talschluchten, Berge mit weitem Ausblick, Wälder und Seen – das alles wartet darauf, entdeckt zu werden. Dies gilt nicht nur für uns Erwachsene, sondern wir haben diesen Reichtum unserer Heimat auch unseren Kindern zu vermitteln, ohne die Natur und die Umwelt zu beschädigen.

Deshalb begrüße ich es sehr, daß Hans Joachim Rech, nachdem er 1993 einen Landschaftsführer „Die Eifel" herausgegeben hat, einen speziellen Eifel-Radwanderführer für Kinder vorlegt. Befahren hat Hans Joachim Rech im rheinland-pfälzischen Teil der Eifel: das Ahrtal, die Vulkaneifel mit dem Brohltal, den Laacher See, das Maifeld, die Umgebung um den Nürburgring, die Südeifel bei Bollendorf-Echternach, die Dauner Maare, Gerolstein und das Kylltal sowie die Mosel zwischen Bullay un Traben-Trarbach. Er hat in diesen Landschaften speziell Routen für Kinder ausgewählt. Ich bin sicher: Hans Joachim Rech hat damit hervorragende Hilfen gegeben, wie optimal die wunderschöne Eifelwelt vom Sattel aus erlebt werden kann. Ich sehe in diesem Führer auch einen Beitrag zu einem wichtigen Ziel meiner Politik, Rheinland-Pfalz zum kinderfreundlichsten Land zu machen.

Ich wünsche mir, daß viele Erwachsene und natürlich viele Kinder diese Möglichkeiten nutzen. Ich rufe allen zu: Steigt auf und radelt! Allzeit fröhliche Fahrt.

Kurt Beck
Ministerpräsident von Rheinland-Pfalz

Mit dem Fahrrad durch die Eifel – von der Rureifel durch den Naturpark Nordeifel bis zur Kalkeifel.

„Von welcher Himmelsrichtung der Eifelfahrer in das Gebirge vordringen mag, stets hat er eine andere Eifel vor sich. Sie ist hier ernst und schweigsam, rauh und kalt, von schwermütiger Einsamkeit und nordischer Gewalt, dort ist sie anmutig und freundlich, von leichtem Farben- und Formenspiel, idyllisch und voller Liebreiz, dann wieder wogend in großartiger Waldherrlichkeit."

Peter Kremer, in Merian 1954, Heft 4: „Die Eifel"

Wahrhaftig, die Eifel zwischen Aachen, Bonn, Koblenz und Trier, im Westen durch grenzüberschreitende Naturparks erweitert, bietet sich uns als das vielseitigste Mittelgebirge Europas zu jeder Jahreszeit. Bei ihrer Erkundung – zu Fuß oder auf dem Drahtesel – durch Berge und Täler, vorbei an Talsperren, Seen und Maaren sowie bei der Erkundung von Burgen, Schlössern, römischen und gotischen Kirchen, versteckten Klöstern und urigen Mühlen kann man die Spuren des Vulkanismus und der Römer verfolgen. Die ausgewählten Touren lassen die ganze Familie in die wechselvolle Geschichte der Eifel mit ihrer ausgewogenen Mischung aus Natur und Kultur eintauchen und niemals Langeweile aufkommen. Auch die eine oder andere kulinarische Oase lädt zum Verweilen ein, selbst wenn sie etwas abseits der vorgesehenen Route liegt.

In Teilen gut ausgebaute Radwegenetze, Wald- und Wirtschaftswege und wenig befahrene Landstraßen ermöglichen Radtouren selbst mit kleinen Kindern. Durch die gute Bahnanbindung entscheiden sich meine Familie und ich oft kurzfristig für einen Fahrradausflug in die Eifel, so daß wir die meisten der Strecken schon getestet haben und zum Nachfahren empfehlen können.

Viel Vergnügen!

Dr. Franz-Josef Antwerpes

Regierungspräsident von Köln

Wer ist Herr von Weißnicht von der Florentinen-Eiche?

Liebe Kinder, liebe Eltern,

wer ich bin, das wißt Ihr ja, nämlich der Autor des Rad-Wanderführers für Kinder. Wir fahren gemeinsam mit dem Fahrrad durch die Eifel. Das ist ein phantastisches Mittelgebirge im Westen Deutschlands mit vielen tollen Rad-Wanderwegen. Und weil die Eifel ziemlich groß ist, braucht man einen guten Pfadfinder, der einem immer den richtigen Weg zeigt. Ihr könnt Euch auch vorstellen, daß ich nicht jeden Tag mit allen Kindern und ihren lieben Eltern durch die Eifel radeln kann. Wie sollte das auch gehen? Dann müßte ich mich ja in tausend Stücke teilen, und das möchte ich nun doch nicht. Dafür habt Ihr natürlich Verständnis. Also habe ich mich unter meinen besten Freunden umgehört. Dann fragte ich den besten von allen, ob er vielleicht bereit ist, mit lieben Kindern und ihren Eltern, auf Fahrrädern durch die Eifel zu fahren.

Welch ein Glück – kann ich Euch sagen. Der Herr von Weißnicht von der Florentinen-Eiche, das ist sein Name, der hat sofort ja gesagt und will Euch als Pfadfinder bei Euren Ausflügen zur Seite stehen. Nun braucht Ihr nicht erschrecken wegen seines langen Namens, für Kinder und liebe Freunde ist er einfach der Weißnicht. Nun wollt Ihr natürlich wissen, wie er zu diesem Namen kam. Also – wenn Herr Weißnicht etwas gefragt wird, dann kennt er sofort die Antwort. Fast immer. Aber er weiß auch gleich, ob derjenige der fragt wirklich etwas wissen will, oder nur zu faul zum nachdenken ist. Habt Ihr eine Frage, die Ihr bei allem Nachdenken nicht beantworten könnt, dann fragt Herrn Weißnicht. Der hilft Euch ganz bestimmt. Ansonsten sagt er nur „Weißnicht". So kam Herr Weißnicht zu seinem Namen.

Übrigens, Herr Weißnicht wohnt natürlich bei uns und ist der beste Freund von Barbara und mir. Und noch etwas solltet Ihr Euch merken. Herr Weißnicht kennt die Eifel ganz genau, weil er jede Radtour gefahren ist. Er ist schließlich Euer Pfadfinder und Freund, auf den Ihr Euch unbedingt verlassen könnt.

Damit Ihr immer wißt, wo der Herr Weißnicht zu finden ist ein kleiner Hinweis: Ihr entdeckt ihn sofort mit seinen rotbraunen Haaren, dem gepunkteten Pelz und seinem blauen Halstuch. Mit diesem Halstuch hat es eine besondere Bewandtnis. Damit hält Herr Weißnicht Regen und schlechtes Wetter von Euch fern. Nicht immer, aber doch sehr oft. Manchmal entwischen ihm ein paar Wolken, aber dafür läßt er dann hinterher ganz warm die Sonne scheinen.

Und auf jeder Tour hat er auch eine angenehme Überraschung für Euch. Die flüstert er Euren lieben Eltern ins Ohr – und dann – viel Spaß.

Wer ist unser Freund?

Herr Weißnicht ist auch Euer Schutzengel – in gewissem Sinne. Er gibt acht, daß Ihr nicht zu schnell radelt und immer aufmerksamseid. Nägel, Glas und Dornen fegt er ruck-zuck von den Wegen, damit es keine Pannen gibt. Sollte es tatsächlich doch einmal geschehen, so hilft er wie ein guter Freund, Euer Fahrrad zu reparieren.

Wer so viel Freude hat am Radfahren und sich an der schönen Natur erfreut wie Ihr, der soll auch dafür belohnt werden, das meint Ihr doch auch. Überall auf Euren Radtouren hat Herr Weißnicht schöne Plätzchen ausgesucht, wo es sich fürstlich ausruhen und schmausen läßt. Denn wer hungrig und durstig ist, der fährt nicht gerne Rad. Ihr werdet sehen, nach so einem Picknick geht es gleich nochmal so gut.

Und wenn Ihr abends müde seid, dann müßt Ihr nicht nach Hause fahren, um ins Bett zu kommen. Wo denkt Ihr hin. Herr Weißnicht hat auch da vorgesorgt und ganz tolle Übernachtungsmöglichkeiten für Euch und Eure Eltern gefunden. Die sind fast immer da, wo die Radtour zu Ende ist.

Na – und wer jetzt noch Fragen hat und wirklich etwas wissen will, dem steht Herr Weißnicht mit Rat und Antwort zur Seite. Denn er ist ein wirklicher Freund, Euer Weißnicht.

Viel Spaß auf allen Euren Rad-Wanderfahrten, alles Gute und bis zum nächsten Mal.

Eure Barbara

Euer Hans Joachim

Warum Rad-Wandern in der Eifel?

Es gab in meinem Leben zwei besondere Einschnitte. Der erste war mein 12. Geburtstag. Da bekam ich ein Fahrrad geschenkt. Der zweite war die intensive Beeinflussung durch einen liebenswerten Menschen, der mir die Eifel so nahe brachte, wie niemand sonst. Mit dem Zweirad konnte ich nun der häuslichen Enge entfliehen, vor den „ungeliebten" Wochenendspaziergängen in „Sonntagskleidern" reißaus nehmen. Mit der Entdeckung der Eifel erschloß sich mir eine Mittelgebirgslandschaft von beinahe paradiesischer Unschuld. Jedenfalls stellten sich mir die Wälder, Berge, Schluchten und Seen so dar. Und was gab es damals und gibt es heute schöneres für ein Kind, als mit dem Rad seine Heimat zu erforschen und kennenzulernen? Daß dies auch heute noch so ist, freut mich natürlich ganz besonders. Allerdings waren zu Beginn meiner Entdecker- und Abenteurerlaufbahn noch einige Hindernisse zu überwinden, unter anderem die Entfernung vom Heimatort zur Eifel. Ich löste das Problem auf eine einfache wie geniale Weise. Mein Onkel, in der Südeifel in jenen Jahren wohnhaft, erhielt von mir einen lieben Brief, in dem ich ihn bat, mich für ein paar Wochen einzuladen. Ich wollte die Eifel erforschen. Was weiter geschah, klingt fast wie ein Märchen und führte schließlich dahin, daß ich zahlreiche Bücher und Artikel über diese herrliche Landschaft schrieb, um die Menschen im Land auf die Schönheit dieses „Paradieses" aufmerksam zu machen. Was bot sich besser dazu an, als ein Zweirad? Moment – werden jetzt die eingefleischten Wanderer und Rucksackenthusiasten ausrufen, wandern ist das Erlebnis schlechthin. Jein möchte ich hier sagen – ja und nein. Bevor es Fahrräder gab, waren allein die Füße und Beine für die Fortbewegung zu Lande zuständig. Das ist richtig. Seien es die eigenen oder die von Pferden und anderen Tieren. Eine Vielzahl an Wanderwegen entstand auf diese Weise, die unser Land und die Eifel wie ein Netz überspannen. Dennoch blieb der Marsch zu Fuß ein anstrengendes und mitunter wenig erquickliches Vergnügen. Dann wurde das Rad erfunden und der Wagen. Wohin das führte ist allenthalben sichtbar. Aber erst das Fahrrad sorgte für eine ideale Verbindung zwischen den Bedürfnissen von Fußgängern und Radfahrern. Das Rad-Wandern wurde geboren. Heute steht dem naturbewußt lebenden Menschen dadurch die Möglichkeit offen, weitgehend auf sein Kraftfahrzeug zu verzichten und stattdessen PS gegen Muskelkraft einzutauschen. Das neben dem hohen gesundheitlichen Effekt noch ein umfassendes Kennenlernen von Heimat und Natur stattfand, machte das Zweirad in kürzester Zeit zum beliebtesten Fortbewegungsmittel der Welt. Ganze Völker leben auf und mit dem Fahrrad.

Was für andere ein Mittel zur Notwendigkeit des Lebensunterhaltes darstellt, ist für uns praktisch zum reinen Freizeitvergnügen mit sehr hohem Stellenwert geworden. Und eines dieser Freizeitvergnügen ist das Erwandern der Eifel mit dem Fahrrad.

Kinder haben Spaß am Radfahren – so wie ich als Kind, und das ist bis heute so geblieben.

Zunächst unter hilfreicher Anleitung, später nach eigenen Vorstellungen, erfuhr ich mir die Berge und Täler, Wälder, Wiesen und Auen, die Dörfer und Städte der Eifel und kann heute mit Stolz sagen, daß mir dieses einmalige Geschenk der Natur sehr vertraut ist.

Diese Vertrautheit ist letztlich die Basis für das Gelingen dieses Rad-Wanderführers, den ich für Kinder geschrieben habe, die Ihr mit Euren Eltern unterwegs seid – nicht umgekehrt!

Damit die beschriebenen Touren bei allen Beteiligten für Zufriedenheit und nachhaltig-positives Empfinden sorgen, sind die Strecken so gewählt, daß sie von Kindern und Erwachsenen, die Ihr Fahrrad sicher beherrschen, problemlos gefahren werden können. Das gilt in erster Linie für die Länge der Route, denn es geht beim Rad-Wandern in der Eifel nicht um olympisches Gold oder andere Kilometer-Trophäen.

Radfahren in der Eifel bedeutet in erster Linie Erholung für den radfahrenden Menschen, der durch diese Art der Fortbewegung dieses wunderschöne Mittelgebirge im Westen Deutschlands in idealer Weise kennenlernt. Beiden Fortbewegungsmöglichkeiten, dem Wandern und Radfahren bin ich gerecht geworden, soweit es der Streckenverlauf zuließ. Sowohl der Fußgänger als auch der Radfahrer kommt auf seine Kosten, denn wem, aus welchen Gründen auch immer, der Sinn nicht nach einer Radtour steht, der kann die Radtouren selbstverständlich auch zu Fuß abgehen. Oder zwischendurch einmal das Fahrrad schieben, was auf den tollen Radwegen überhaupt kein Problem ist. Mitunter verlangt die Landschaft einfach ein Absteigen und Zu-Fuß-Gehen, nicht weil es so steil bergan geht, sondern weil es zu schön ist, um „einfach" mit dem Rad diesen oder jenen speziellen Tourenabschnitt zu befahren.

Wie Ihr letztlich Eure Tour gestaltet, bleibt selbstverständlich Eure individuelle Entscheidung. Dieser Rad-Wanderführer soll Euch ein nützlicher Begleiter und Freund sein, auf den man sich verlassen kann. Er möchte Hilfestellung leisten, wo immer Ihr sie benötigt. Einen Hinweis da, eine Anregung dort – und schon öffnet sich das Tor in eine Mittelgebirgswelt, in der es so unendlich viel zu entdecken und zu erleben gibt.

Dabei und auf allen Euren Touren wünsche ich Euch die Freude und das Glück, das ich in all den vielen Jahren meiner Begegnungen mit der Eifel erleben durfte.

Herzlichst

Euer Hans Joachim Rech

Das Vorwort für Kinder

Ich, Weißnicht von der Florentinen-Eiche, Euer Freund und Pfadfinder, habe mir viele Gedanken gemacht über diesen Rad-Wanderführer für Euch Kinder und Eure Eltern. Auf meinen Fahrten und Wanderungen durch die Eifel sind mir die interessantesten Tiere und Pflanzen begegnet. Mit ein bißchen Glück und der nötigen Aufmerksamkeit, was bei Euch Kindern ja keine Frage ist, werdet Ihr diese Pflanzen und Tiere auch entdecken. Damit Ihr auch wißt wann Ihr was erspäht, habe ich die Namen aufgeschrieben und wie die jeweilige Pflanze oder das Tier ausschaut. Wenn Ihr auf Euren Rad-Wanderungen noch ein Bestimmungsbüchlein, ein Fern- und Vergrößerungsglas mitnehmt, dann seid Ihr bestens ausgerüstet, um gemeinsam mit mir alle Fragen zu beantworten, die Ihr auf Euren Ausflügen habt.

Da die Eifel ein sehr wasserreiches Gebirge ist, gibt es dort auch viele verschiedene Fischarten. Die meisten entdeckt Ihr im Westen der Eifel, wo das Wasser kalt und sauerstoffreich ist. Zum Osten und Süden hin erwärmt sich das Wasser stärker (das liegt am kalkhaltigen und vulkanischen Boden), und die Arten werden weniger. Das ist nur normal, denn die meisten europäischen Fischarten sind an kühle Temperaturen gewöhnt. Bei den Säugetieren ist das nicht so wichtig, denn die haben für die kalte Jahreszeit einen dicken Pelz oder legen sich einfach für ein paar Monate aufs Ohr. Anders bei den Insekten, für die Wärme und Sonnenlicht überlebenswichtig sind. Deshalb werdet Ihr die schönsten Schmetterlinge und Libellen auch nur im Frühling und Frühsommer beobachten können. Ähnlich ist das auch bei den Blütenblumen. Manche Arten blühen in zu kühlen oder nassen Sommern überhaupt nicht, andere benötigen ganz speziellen Lebensraum, wie die Orchideen. Nur die großen Bäume scheint das überhaupt nicht zu kümmern. Ob Hitze oder Kälte, Eis und Schnee, Regen und Sturm; sie trotzen allen Gewalten und werden in jedem Jahr größer und mächtiger. Daher kann ich Euch nur empfehlen, so oft wie möglich auf Euren Rädern durch Wald und Flur zu radeln, um all die wunderschönen Jahreszeiten hautnah zu erleben. So wie ich Euch kenne seid Ihr mit Leib und Seele tüchtige Fahrradfahrer, für die es nichts schöneres gibt, als auf dem Zweirad durch die Natur zu radeln. Daß ich dabei bin, versteht sich von selbst, schließlich bin ich der Weißnicht, Euer bester Freund und Pfadfinder. Also dann Mädchen und Jungen, liebe Eltern, auf die Räder und hinein in unsere wunderschöne Welt.

Ach, bevor ich es noch vergesse, was (fast) nie geschieht, die Florentinen-Eiche ist ein gewaltiger Eichen-Baum und steht im Spreewald. Der befindet sich im Land Brandenburg und das liegt im Osten Deutschlands. Die Florentinen-Eiche ist eine meiner besten Freundinnen und wird in jedem Jahr von mir besucht. Deshalb hat sie mir erlaubt, mich Weißnicht von der Florentinen-Eiche zu nennen. So – jetzt habe ich Euch und Euren Eltern meinen ganzen Namen erklärt. Das hat mir doch keine Ruhe gelassen.

Frohe Fahrt alle Zeit

Euer Weißnicht

Herr Weißnicht erklärt Geographie, Geologie und Geschichte der Eifel

Hallo und guten Tag!

Ich bin der Herr von Weißnicht, Euer Freund und heimlicher Begleiter und freue mich ganz herzlich, daß Ihr in die Eifel gekommen seid, um Radtouren zu machen. Und daß Ihr Eure Eltern noch mitgenommen habt, finde ich wirklich gut. Ihr dürft mich natürlich Weißnicht nennen, denn unter Freunden geht es cool und locker zu. Daß ich bei Euch bin, hat einen einfachen Grund: Mein allerbester Freund und Autor dieses Buches, der Hans Joachim, hat mich händeringend gebeten, für Euch liebe Kinder, der Pfadfinder zu sein, weil ich alle Touren gefahren bin und die Eifel so gut kenne wie mein blaues Halstuch. Das läßt sich unsereins selbstverständlich nicht zweimal sagen und springt gerne für einen guten Freund ein. Unter uns, es macht mir einen Riesenspaß, mit Euch durch die Eifel zu radeln, denn da kann man die tollsten Abenteuer erleben und so viel sehen. Bevor wir uns also auf die Räder setzen und losfahren, möchte ich Euch noch ein wenig über diese Eifel erzählen, denn es ist doch wichtig zu wissen, wo wir mit unseren Fahrrädern herumfahren. Daß Eure Räder tip-top in Ordnung sind, versteht sich von selbst. Proviant ist an Bord, gute Laune habt Ihr mitgebracht, und Ihr könnt es kaum noch erwarten, endlich loszufahren. Mir geht es genauso. Deshalb will ich es kurz machen.

Die Eifel ist ein Teil des Rheinischen Schiefergebirges. Was Schiefer ist wißt ihr. Das sind so graue dünne Steinplatten, mit denen auch Hausdächer gedeckt werden. Im Osten bildet der Rhein, im Süden die Mosel die natürlich Grenze der Eifel. Im Westen ist es die Landesgrenze zu Belgien und Luxemburg. Im Norden endet die Eifel auf der Linie Aachen – Zülpich – Meckenheim. Aber das war nicht immer so. Entstanden ist die Eifel im Laufe von vielen hundert Millionen Jahren. Zweimal wurde das ganze Land überflutet und war Boden eines riesigen Ozeans. Nur das Hohe Venn schaute als Insel daraus hervor. Stellt Euch das mal vor. Alles unter Wasser, bis auf ein kleines Inselchen. Da würden wir aber tüchtig nasse Füße bekommen, und mit dem Radfahren wäre es vorbei. Bliebe zur Auswahl nur noch Wasserski und Boot fahren. Dann teilte sich das Land in Kontinente. Während ein Teil für immer im Meer versank, hob sich der Rest und bildete Europa (und die anderen Kontinente). Dazu gehörte auch die Eifel. Aber damit war natürlich nicht Schluß. Sonne, Wind und Wetter veränderten ganze Erdteile und sorgten für den Beginn des Lebens im Meer. Irgendwann kamen die Pflanzen an Land, und die Welt wurde grün. Aber wie das so ist im Leben, immer wenn es am schönsten ist, geht irgendetwas schief. So auch in der Eifel. Im Bauch der Erde begann es zu rumoren, erst sachte, dann immer heftiger, bis es schließlich in allen Fugen krachte. Die Erde zitterte und bebte, und an allen Ecken und Enden schoß feurige Lava aus der Tiefe empor und bedeckte weite Teile des schönen Eifellandes.

Ganz schön heiß, und das vielleicht noch im Sommer. Aber das ist gottlob vorbei. Dann beruhigte sich die Erde scheinbar, das Getöse lies nach. Aber im Bauch der Erde sammelte sich eine unvorstellbar gewaltige Kraft an, und an einem sonnigen Tag im Juni vor 13 000 Jahren war es dann soweit. Für die damals lebenden Steinzeitmenschen muß es wie das Ende der Welt erschienen sein. Der größte Vulkan diesseits der Alpen explodierte mit unvorstellbarer Wucht und schleuderte riesige Mengen Asche, Staub und giftige Gase in die Luft.

Wauu – Leute, hat das gerappelt. Welch ein Glück, daß wir erst jetzt mit dem Rad durch die Eifel radeln. Gar nicht auszudenken, was uns hätte passieren können.

Bis zu 80 Meter dick sind die Asche- und Staubschichten, die Ihr im Verlauf Eurer Eifel-Radwandertour zu sehen bekommt. Und von dieser Hinterlassenschaft lebten später viele Menschen bis in unsere Tage. Mächtige Basaltsäulen, die wie Bäume in den Himmel ragen, sind die erkalteten Reste glutflüssiger Lava, die wie das Wasser einer Quelle aus der Erde herausquoll und dazu beitrug, die Eifel zu dem zu machen, was sie heute ist, ein Paradies für Radwanderer und Naturfreunde, so wie Ihr es seid.

Hat also auch sein Gutes gehabt, das ganze Durcheinander. Denn Ihr müßt wissen, daß im vulkanischen Gestein der Eifel sehr viele Mineralstoffe enthalten sind. Davon leben viele Pflanzen und Tiere. Sogar wir Menschen bekommen unseren Teil davon ab, nämlich im Mineralwasser, das durch die Gesteinsschichten an die Oberfläche dringt.

Ein ganz schön großes Gebirge, werdet Ihr mit Recht sagen. Nun, nicht alles in der Eifel ist Gebirge. Es gibt darin Ebenen und die Voreifellandschaft. Die gehören zwar dazu, haben aber keine Berge sondern höchstens Bodenwellen. Der Name Eifel ist somit die Bezeichnung für ein Gebiet, das mehr als 7 000 Quadratkilometer groß ist. Hört – hört! Und damit sich die Menschen besser darin zurechtfinden, hat man schon vor langer Zeit die Eifel aufgeteilt und den einzelnen Stücken einen Namen gegeben. Stellt Euch die Eifel wie einen Kuchen vor. Jedes Stück wird jetzt von Euch benannt.

Da gibt es das wild-zerklüftete Ahrgebirge, die urwüchsige Vulkaneifel, die waldreiche Nord- und Schnee-Eifel, die von Kalkgebirgen und mächtigen Buntsandsteinfelsen geprägte Süd- und Hocheifel und das liebliche Maifeld. Und in jedem Teil der Eifel fahren wir mit dem Fahrrad. Nun besteht die Eifel aber nicht nur aus Felsen und Wäldern. Die Natur hat sich mit diesem Mittelgebirge etwas ganz besonderes einfallen lassen. Auf Schritt und Tritt begegnet Ihr einer Quelle, einem Bach, einem Fluß oder See. Die Eifel ist ein sehr wasserreiches Gebirge, was nicht nur den Pflanzen und Tieren zugute kommt, sondern auch Euch. Mein Freund Hans Joachim hat mir erzählt, daß er als Kind schon eine Wasserratte war und es geblieben ist, und Ihr habt bestimmt genauso viel Spaß daran, da bin ich sicher. Ich bevorzuge mehr das Bad in der Sonne, wegen meines wertvollen Pelzes.

Jetzt haben wir Berge, Wälder, Wasser, Pflanzen und Tiere. Aber das ist immer noch nicht alles. Dann kamen irgendwann einmal die Menschen in die Eifel. Erst nur so an den Rändern, was ja auch verständlich ist. Denn niemand wußte vor 2 000 Jahren, was sich in den „finsteren" undurchdringlichen Wäldern verbirgt. Riesige Bären und Wölfe hausten in den Höhlen und Schluchten – Ehrenwort. Und die hatten immer Appetit auf leichtsinnige Menschen. Aber so nach und nach lernten die Siedler in der Eifel zu leben. Sie bauten Häuser, Dörfer, kleine Städte und – mächtige Burgen. Einige dieser kleinen Städte und Burgen werdet Ihr auf Euren Radtouren kennenlernen. Aber das ist immer noch nicht alles. Die Eifel hat ja so viel zu bieten. Die Menschen mußten ja von ihrer Arbeit leben. Aber was konnte getan werden? Im Ahrgebirge begannen die Leute Wein anzubauen, in der Südeifel wurde in Erzgruben Blei und Eisen gefördert. In der Hocheifel ging man dem Gewerbe der Köhlerei nach und in der Nordeifel waren die Tuchmacher und Weber zuhause. Und Schiefer für den Hausbau wurde im Norden des Gebirges umfangreich abgebaut. Aber fehlen da nicht noch zwei Teile? Richtig – sehr gut aufgepaßt. Im Maifeld begannen die Menschen großflächig mit Ackerbau und Viehzucht und in der Vulkaneifel – ja – was konnte man in der Vulkaneifel tun? Nun, die Menschen erkannten sehr schnell, daß das Lavagestein (Basalt) sehr wertvoll war und sich sehr gut für den Hausbau verwenden ließ.

Aber noch etwas anderes fanden pfiffige Zeitgenossen heraus. Aus der Basaltlava (das ist ehemaliges vulkanisches Ergußgestein) ließen sich erstklassige Mühlsteine herstellen. Diese Rundlinge waren so gut, daß sie ihren Weg aus der Eifel hinaus fanden in die ganze Welt. Und das ist bis heute so geblieben. Die Mühlsteine aus der Eifel-Lava sind die besten der Welt. Aber nicht alles, was Menschen beginnen, wird für alle Zeiten fortgesetzt. Welch ein Glück. Zahlreiche Steinbrüche, Gruben und Stollen wurden aufgegeben, die Arbeit in ihnen eingestellt. Im Laufe der Jahrzehnte und Jahrhunderte eroberte sich die Natur die vom Menschen geschaffenen künstlichen Landschaften, und dadurch entstanden neue Lebensräume für zahllose Pflanzen und Tiere. Einige dieser „Lebensräume" werden wir gemeinsam auf unseren Radtouren entdecken, und ich kann Euch sagen, es ist richtig aufregend, durch alte Mühlsteinhöhlen zu gehen, wo noch angefangene Mühlsteine vom Fleiß der Menschen und der Mühsal der Arbeit künden. Aber damit ist das Angebot der Eifel noch lange nicht erschöpft. Köstliches Sprudelwasser könnt Ihr in der Vulkaneifel an den öffentlichen Brunnen kostenlos probieren. Wenn Ihr einen Geysir sehen wollt, braucht Ihr deswegen nicht nach Island fahren. Ein Geysir ist ein natürlicher Kochkessel. Wenn in der Tiefe des Wasserlochs durch die natürliche Erdwärme genug Druck entstanden ist, sprudelt er über, wie das Wasser bei Euch zu Hause im Kessel auf dem Herd. In Wallenborn habt Ihr die Möglichkeit, dieses einmalige

Naturschauspiel zu beobachten. Und Boot fahren oder schwimmen in einem Vulkan? Kein Problem – in der Eifel ist das möglich. Ihr werdet alles kennenlernen und begeistert sein.

Sicher kennt Ihr Friedrich von Schiller, den großen deutschen Dichter. Der hat auch ein Lied geschrieben, das von der Glocke. Wenn Ihr wissen wollt, wie so eine Glocke gemacht wird, dann seid Ihr in der Eifel richtig. In Brockscheid, das liegt in der Vulkaneifel, werden in einer Glockengießerei Glocken gegossen. Ein phantastisches Schauspiel, daß Ihr Euch nicht entgehen lassen dürft. In einem riesigen Kessel wird die Glockenspeise (so nennen die Glockengießer das flüssige Metall) angesetzt und so lange befeuert, bis sie 1 200 Grad Celsius hat. Kupfer und Zinn sind die Hauptbestandteile der Bronze. Und dann wird es richtig feierlich. Die Glockengießer sagen Sprüche auf und ... aber das hört und schaut Ihr Euch am besten selbst an. Solch spannende Sachen kann ich nicht schon vorher verkünden. Ich könnte Euch noch stundenlang über die Eifel erzählen, doch enden wird diese Geschichte nie.

Deshalb ist es das beste, wenn wir uns auf die Räder schwingen und das wunderschöne Eifelland vom Sattel aus kennenlernen. Damit das auch richtig klappt, hat der Hans Joachim diesen Rad-Wanderführer für Euch Kinder geschrieben, unter meiner emsigen Mithilfe – das versteht sich von selbst. Natürlich dürfen auch Eure Eltern das Buch lesen, denn sie müssen sich ja auf Euch als Pfadfinder verlassen können. Und Ihr seid bei mir bestens aufgehoben.

Also dann meine Freunde – viel Spaß und Vergnügen auf Euren Rad-Wandertouren durch das herrliche Eifelland.

Herzlichst

Euer Herr von Weißnicht von der Florentinen-Eiche

Fischarten in der Eifel

Äsche. Ein typischer Quellfluß- und Flußoberlauf-Bewohner. Hat Ähnlichkeit mit der Forelle. Verlangt sauerstoffreiches und kühles Wasser. Die Äsche ist ein schönbefloßter Lachsfisch mit dunklen Flecken auf den Seiten.

Barbe. Ist ähnlich gestaltet wie der Gründling, nur größer und ohne Flecken. Ein Bartelträger und Allesfresser wie der Karpfen. Sie geht zur Dämmerung auf Jagd und Nahrungssuche aus. Ihre Flossen sind rötlich eingefärbt, und ihre Schuppen schimmern ein wenig mehrfarbig.

Bitterling. Das ist ein kleiner Fisch, der stehende Gewässer liebt. Rötliche Flossen mit schwarzen Rändern und silbergrüne Schuppen sind das Kennzeichen dieser kleinen Kerlchen.

Brassen. Bewohnen als Schlammfluß- und Brackwasser-Bewohner die Unterläufe der Flüsse. Haben die Statur von Karpfen, werden aber nicht so groß.

Elritze. Sie liebt, wie die Forelle, sauberes kühles Wasser in den Oberläufen der Bergflüsse, deshalb ist sie in der Eifel zahlreich anzutreffen. Ein schlanker, gestreckter Fisch mit rot eingefärbten Flossen. Er hat genauso dicke dunkle Punkte auf dem Rücken wie ich, der Weißnicht.

Giebel. Sie ähnelt der Karausche. Ihre Heimat ist Asien, inzwischen im Westen stark verbreitet. Ihre Schuppen schimmern mehr hellgolden bis silbern.

Groppe. Die Groppe ist ein gefräßiger Fisch wie die Forelle und lebt in sauberen und schnell fließenden Gewässern. Sie sieht ein wenig finster aus, hat ganz dunkle Schuppen, so schwarz-braun und Flossen wie Drachenflügel.

Güster. Sind ähnlich gestaltet wie Brassen, jedoch kleiner. Schuppen goldgelb bis weiß.

Hasel. Lebt im Gefolge der Äsche-Region, bevorzugt schnell fließende und sauerstoffreiche Gewässer sowie Seezuflüsse, ähnlich wie die Plötze – nur ist sie schlanker und hat rötlich eingefärbte Flossen.

Hecht. Den kennt Ihr alle. Ein Räuber wie er im Buche steht und ein hinterhältiger noch dazu. Als Standfisch verkrauteter Gewässer liebt er die durchwurzelten Uferzonen und Röhrichte, wo er regungslos auf Beute lauert. Sein spitzes Maul ist voller Zähne, und seine Körperfarbe paßt er geschickt der Umgebung an. Dabei hilft ihm seine grün-gelbe Streifung auf den Schuppen.

Karausche. Sie ist ähnlich wie der Schuppenkarpfen, nur ohne Barteln, das sind lange Fäden am Maul. Sie bewohnt stark verkrautete Gewässer und kleinste Teiche.

Karpfen. Nicht nur zu Weihnachten und Sylvester solltet Ihr Euch mit ihm befassen. Der Karpfen ist ein behäbiger Vertreter unserer heimischen Teichzuchtfische und stammt in seiner Wildform aus Asien. Der Karpfen gehört mit zur Gesundheitspolizei des Wassers, weil er fast alles frißt, was weich ist und übrig bleibt. Er durchsucht schlammige Böden nach Nahrung. Der Karpfen ist immer zu erkennen an seinen dicken Schuppen und der goldgelben Färbung.

Maifisch. Das ist eine wandernde Heringsart und zieht hinauf bis in die Oberläufe der Flüsse. Tritt im Mai in großen Schwärmen auf. Deshalb der Name Maifisch. Er glänzt wie Silber.

Nase. Sie ist ein rotbefloßter Schwarmfisch fließender Gewässer und zieht zur Laichzeit in die Oberläufe der Flüsse, Bäche und Quellgebiete. Schabt sehr gern die Algen von den Steinen, praktisch ein Allesfresser. Goldgelbe Schuppen.

Plötze (Rotauge). Sie ist die häufigste Fischart in unseren Binnengewässern. Ein kleiner gedrungener Fisch mit Rautenmuster auf den Schuppen.

Regenbogenforelle. Ein wenig geliebter Immigrant (Einwanderer) aus den USA, verdrängt zunehmend die heimische Bachforelle. Sie schillert in den Farben des Regenbogens.

Rotfeder. Ist ähnlich wie das Rotauge, jedoch besitzt sie leuchtend rötliche Flossen. Ihre Schuppen schimmern metallisch wie Edelstahl.

Schmerle. Sie ist ein Bartelträger der Forellenregion und liebt schnell fließende, sauerstoffreiche Gewässer. ein schlanker, langgestreckter Fisch mit großen, blau-grünen, unregelmäßigen Flecken auf den Seiten.

Steinbeißer. Ist der Schmerle ähnlich, nur kleiner. Hat eine rötlichbraune, teilweise ins Gold gehende Schuppenfarbe. Ist gleichmäßig befleckt wie ein Leopardenfell.

Ukelei. Ein kleiner Süßwasserbewohner, der alle Bereiche der Flüsse besiedelt. Er besitzt goldgelbe Flossen und hell silbern, fast weiß glänzende Schuppen.

Pflanzen in der Eifel

Akelei. Zählt zu den Hahnenfußgewächsen und hat eine lilafarbene bis ins blaue gehende Blüte. Sie liebt frische, kalkreiche Böden.

Arnika. Diese Blume hat eine gelbe Blüte mit dunklem Auge. Sie dient auch als Arzneimittelpflanze. Arnika wächst in Moorwiesen, im Urgestein und auf magere Weiden.

Krokus. Das ist eine Kelchblume, die meist rosa bis blau, aber auch gelb blüht. Er gedeiht auf nährstoffreichen Bergwiesen. Als Gewürzpflanze wird er Safran genannt.

Lichtnelke und Mauerraute, eine Zwergfarnart auf einer Steinmauer in der Nordeifel bei Dreiborn Schleiden-Gmünd

Leberblümchen. Ein Unterkrautbewohner, der lehmige Böden bevorzugt. Seinen Namen hat es nach der Gestalt seiner Blätter, die wie Leberlappen der menschlichen Leber aussehen. Es blüht nur im Frühjahr.

Wohlriechender Lauch. Das ist ein Liliengewächs. Er ist in Mooren und Sumpfwiesen anzutreffen. Er hat schöne weiße Blütenstände.

Orchideen

Frauenschuh. Das ist die schönste unserer heimischen Orchideen, und sie ist unverwechselbar. Die Blüte besteht aus einer gelben Lippe mit vier pupurfarbenen Blütenblättern. Sie gedeiht auf Kalkweiden und in Laubwäldern.

Geflecktes Knabenkraut. Da gibt es mehrere Arten, die sehr schwierig zu bestimmen sind. Meist könnt Ihr sie an den schmalen gefleckten Blütenständen erkennen, aber dazu bedarf es großer Übung und Kenntnisse. Sie liebt feuchte, lichte Standorte.

Helmorchis. Auch Helm-Knabenkraut genant, weil der Blütenstand der Pflanze als Helm ausgebildet ist. Liebt Magerrasen und Kalkwiesen.

Mondraute. Das ist eine Orchideenart der Wiesen und Weiden, die im Bergland recht häufig anzutreffen ist. Der Blütenstand ist etwas um den Stengel gedreht, was Ihr das Aussehen einer Spirale verleiht. Sie hat goldgrüne Blüten wie kleine Kelche.

Ragwurze. Das sind Fliegen- und Hummelragwurze, also auch Orchideen, deren Blüten die typische Insektenform des Blütensporns besitzen, daher der Name.

Rotes Waldvögelein. Eine der schönsten Orchideen. Es liebt kalkreiche Böden, lebt mit vom Wurzelpilz, erträgt jahrelange Beschattung und nach Ausholzung der Wälder blüht es erneut. Auf Monokulturböden hat es keine Lebensmöglichkeit (Rückgängig im Bestand).

Weißes Waldvögelein. Diese Orchidee bevorzugt Buchenwälder. Sie zählt zu den Knabenkrautgewächsen, wenn auch die typische „Männlein Blüte" fehlt. Die Orchideen heißen deshalb Knabenkrautgewächse, weil die Blüte die Form eines Knaben oder Männleins hat.

Schmetterlinge

Apollofalter. Dies ist eigentlich ein Alpenfalter mit schönen roten Augen auf den Flügeln. Inzwischen auch im Mittelgebirge anzutreffen. Lebt von der weißen Fetthenne, einer Pflanze.

Landkärtchen. Ist auf seinen Flügeln schwarz/weiß gescheckt. Seine Musterung erinnert an eine Landkarte. Raupen leben auf und von Brennesseln, ähnlich dem Eisvogel, einem anderen Falter.

Nachtpfauenauge. Das ist ein außergewöhnlich schöner Falter, der vier Augen auf seinen Flügeln trägt. Wie das Tagpfauenauge, nur dieser Falter ist creme-braun bis anthrazit.

Perlmutterfalter. Heimischer Großfalter, der durch seine gezackten Flügel und die braun-schwarz gefleckte Musterung auffällt. Schimmert perlmuttartig.

Schillerfalter. Seine Raupen leben auf Weiden. Schöner, in vielen Farben schillernder Großschmetterling.

Schönbär, auch spanische Fahne. Dieser Falter lebt von/auf Brennesseln und Vergißmeinnicht und bevorzugt feuchte Bachschluchten. Ein rot-gelb leuchtender Falter, der nie zu übersehen ist.

Schwalbenschwanz. Er lebt auf wilden Möhren und Mohrrüben. Einer der schönsten heimischen Falter. Gelb-blaue Flügelfarben mit langen Schößen (wie bei Schwalben) und roten Augen auf den Enden. So kam der Schwalbenschwanz zu seinem Namen.

Trauermantel. Birken, Espen und Salweiden dienen ihm als Lebensgrundlage. Seinen Namen hat der Schmetterling wegen seines dunklen Randes, der um seine Flügel läuft und wie ein Trauerflor aussieht. Ansonsten ist der Trauermantel eher ein auffälliger hellfarbiger Falter.

Libellen

Azurjungfer. Die Azurjungfer ist zart blau mit schwarzen Querstreifen. Ein zerbrechliches Geschöpf; sie kommt in der Eifel häufig vor.

Blaue Prachtlibelle. An Quellen und Bachläufen zahlreich anzutreffen, durchgehend blau metallisch, flatternder Flug mit großen gerundeten Flügeln; häufig an Gewässern zu finden.

Blaugrüne Mosaikjungfer. Sie wird auch Königslibelle genannt, größte heimische Libelle; häufig vorkommend in der Eifel.

Blutrote Heidelibelle. Diese Libelle ist selten in der Eifel. Sie hat einen dunkelroten Körper, fast wie Rubin schimmernd.

Grüne Rohrjungfer. Eine einheitlich grüne Libelle mit Vierfleckmuster auf den Flügeln; sie kommt in der Eifel häufig vor.

Kleines Granatauge. Eine der schönsten Libellen mit metallisch rotem Leib und Augen, die wie funkelnde Granate aussehen. Sie ist sehr selten geworden und gilt als bedrohte Art.

Plattbauch. Diese Libelle ist bläulich und hat einen extrem abgeflachten Leib, ein rot-braunes Schulterstück mit Einfärbung bis in die Flügelachsen; sie kommt in der Eifel häufig vor.

Quelljungfer. Diese Libelle ist wespenartig gestreift, ähnlich der Vierfleck Libelle, jedoch ohne Flügelflecke; sie kommt in der Eifel häufig vor.

Rote Seejungfer. Sie ist einheitlich rot und hat vier dunkle Flecken auf den Flügelspitzen; sie kommt in der Eifel häufig vor.

Vierfleck Libelle. Diese Libelle ist gelblich gefärbt wie eine Wespe, mit vier Flecken auf den Flügeln; sie kommt in der Eifel häufig vor.

Amphibien

Bergmolch. Das ist eine Amphibie, die an Land und im Wasser leben kann. Er hat einen blaugrauen Rücken mit goldgelbem Kamm und eine sehr schön gefärbte, in rot, grün und blau einfärbende Unterseite. Er kommt im Mittelgebirge bis 2 000 Meter vor.

Erdkröte. Findet sich überall dort, wo es feucht und halbschattig ist. Idealer Lebensraum sind daher Laubwälder und Obstbaumwiesen. Sie ist einfarbig goldbraun.

Feuersalamander. Er ist Euch sicher allen bekannt. Das Tier glänzt wie schwarzer Lack und hat leuchtend-gelbe Flecken auf der Haut. Meist leben sie im Verborgenen, doch nach einem Gewitter oder intensiver Feuchtigkeit marschieren die putzigen Kerlchen auch bei Tage durch den Laubwald.

Geburtshelferkröte. Das ist eine wärmeliebende Amphibie, die ihren Laich mit sich herumträgt, bis die jungen Kaulquappen schlüpfen. Häufig in der südlichen Eifel anzutreffen.

Kammolch. Er ist ähnlich dem Streifenmolch, hat aber meistens gezackte Rückenkämme.

Wasserfrosch am Ufer eines Eifelbaches

Kreuzkröte. Sie bevorzugt sumpfige Wiesen, Wälder und Auen. Charakteristisch ist das Kreuz auf dem Rücken.

Laubfrosch. Auch Blattsteiger genannt, weil er mit seinen Haftfüßen die Blätter der Pflanzen erklettert. Lebt in Auen und an Ufersäumen sowie im Schilf und Röhrricht.

Moorfrosch. Leider fast ausgestorben. Daran sind größtenteils die Menschen schuld, weil sie seinen Lebensraum zerstören. Der Moorfrosch besitzt eine zartblaue bis ins kräftige blaugraue wechselnde Farbe, die ihn unverwechselbar macht.

Teich- oder Streifenmolch. Das sind heimische Molche, die sich durch ihre Anpassungsfähigkeit auszeichnen. Sie leben an Land und Wasser und bringen lebende Junge zur Welt. Diese Molche sind sehr schön gezeichnet.

Wechselkröte. Diese Kröte lebt gerne in Wiesen und lichten Wäldern. Sie hat eine cremeweiße bis hellgrüne gefleckte Haut. Fast allen Kröten ist ihre warzige Haut zu eigen.

Reptilien

Bergeidechse. Diese Art ist weit verbreitet und findet sich bis hinauf zum Polarkreis nach Norden! Sie ist noch farbenprächtiger als die Zauneidechse, mit schwarz-weiß gefleckten Seiten, rotbraunem Rücken und goldgelben Flanken.

Blindschleiche. Fußlose Schleichechse, die den feuchten Halbschatten liebt. Sie bevorzugt Laubwald und verbuschte Wiesen.

Kreuzotter. Größte deutsche Schlangenart. Sie ist giftig, beißt aber den Menschen nur in äußerster Not. Die Kreuzotter lebt in Mooren, an Lichtungen und besonnten Berghängen. Sie ist hell- bis dunkelbraun oder schwarzbraun gefärbt. Ihr könnt sie sofort an dem Zick-Zackband auf dem Rücken erkennen.

Mauereidechse. Ein typischer Vertreter der mittelgebirgigen warmen Region mit hellgrauem Rücken und rotgefärbten Flanken.

Ringelnatter. Harmlose Schlange, die überall dort anzutreffen ist, wo die Lebensbedingungen stimmen: Genügend Schutz, Feuchtigkeit, Laubwald, Wiesen und Heide. Sie hab einen blaugrauen Körper mit einem goldenen Dreieck hinter dem Kopf im Nacken. Die Ringelnatter ist ungiftig.

Smaragdeidechse. Macht ihrem Namen alle Ehre: Sie besitzt eine smaragdgrüne Farbe. Die Smaragdeidechse ist die schönste aller heimischen Eidechsen. Sie ist sehr wärmeliebend, deshalb kommt sie nur im Moseltal, in Teilen der Vulkan- und Südeifel vor.

Sumpfschildkröte. Sie Ist in ihrem Bestand gefährdet. Die Sumpfschildkröte hat einen schwarzgrünen Rückenpanzer mit goldgelben Streifen. Sie lebt von Schnecken, Würmern, Larven.

Zauneidechse. Die kleinen Drachen gibt es noch. Besonders die Männchen sind im Frühling prächtig grün und gold gefärbt. Sie liebt sandig steinige Böden, die sich rasch erwärmen, durchsetzt mit Hecken und Buschwerk.

Greifvögel

Baumfalke. Blaugrau gefärbter Falke, der die dichten Laubwälder bevorzugt. Er ist selten geworden in der Eifel.

Bussard. Der häufigste Eifelgreif, auch Eifeladler genannt, gibt katzenartige Rufe von sich. Im Volksmund wird er daher auch „Katzenadler"genannt. Braungrau, manchmal braunweiß oder schwarzbraun. Die Färbung ist von Alter und der Jahreszeit abhängig.

Habicht. Noch relativ häufig anzutreffender Greif. Im Aussehen ähnlich dem Sperber und dem Wanderfalken, nur größer. Der Habicht ist ein Waldvogel der auf Geflügel lauert.

Roter Milan. Noch häufig anzutreffen. Er hat ein rötliches Gefieder. Charakteristisch ist der gegabelte Schwanz und der gaukelnde Flug wie bei allen Weihen.

Schleiereule. Schönste aller heimischen Eulen. Sie hat ein herzförmiges Gesicht, das durch die Befiederung leicht verschleiert wirkt. Die Schleiereule bevorzugt Scheunen und Dachböden als Quartier. Sie ist ein nachtaktiver Jäger.

Sperber. Etwas kleiner als der Habicht Er bevorzugt die lichte Feldflur als Jagdgebiet. Es gibt nur noch wenige Paare in der Eifel.

Steinkauz. Kleinste heimische Eulenart. Er liebt das offene Gelände mit alten Bäumen, in denen der Vogel nistet. Der Steinkauz ist tag- und nachtaktiv.

Turmfalke. Kleinster heimischer Falkenvogel, nistet bevorzugt in Häusern und Türmen, alten Burgen usw. Er hat ein rötliches Gefieder. Der Turmfalke ist in der Eifel zahlreich vertreten.

Uhu. Größte heimische Eulenart. Er lebt versteckt in Felswänden und Nischen. Der Uhu ist ein tagktiver Jäger. In der Eifel war er beinahe ausgerottet. Eine erfolgreiche Wiedereinbürgerung erfolgte in den siebziger Jahren. Zur Zeit sind mehr als 300 Paare registriert.

Waldkauz. Mittelgroße nachtaktive Eulenart. Sein Lebensraum umfaßt die Gesamteifel, wo er sehr zahlreich ist. Der Waldkauz brütet notfalls auf dem Boden.

Waldohreule. Charaktervogel der Eifel, etwas kleiner als Uhu, aber unverwechselbare Federbüschel auf dem Kopf. Sie ist tag- und nachtaktiv.

Wanderfalke. Der größte und schnellste Falke der Welt. Er erreicht im Sturzflug Geschwindigkeiten bis zu 300 km/h. Es gibt nur noch wenige Paare in der Gesamteifel (drei Paare sind zur Zeit nachgewiesen). Er nistet nur an Steilwänden, u. a. in der Südeifel und im Rurtal. Der Wanderfalke hat ein blaugraues Rückengefieder und eine goldweiße Brust mit schwarzen Querstreifen, ähnlich dem Habicht.

Kein Greif, aber dennoch ein besonderer Vogel ist die ...

Wasseramsel. Ein typischer Bergbachbewohner. Der Vogel ist ganzjährig anzutreffen, wenn die Lebensbedingungen stimmen. Er sucht auf dem Grund der Bäche nach Nahrung. Sein Gefieder ist so dicht, daß nicht ein Tropfen Wasser hindurchgeht. So eine Haut müßten wir auch haben, dann bräuchten wir nicht mehr soviel Kleidung.

Säugetiere

Biber. Ein Nagetier, das überwiegend im Wasser lebt. Der Biber fällt Bäume, errichtet Dämme, baut aus Holz Burgen und legt umfangreiche Seen an.

Dachs. Unsere größte heimische Marderart. Er ist nachtaktiv und legt wie der Fuchs weitverzweigte Bau- und Tunnelsysteme an.

Fuchs. Ein Wildhund, der zahlreich in der Eifel vorkommt. Er liebt dichte Wälder ebenso wie die Randbereiche von Dörfern und Städten, Der Fuchs ist ein Kulturfolger. Er legt umfangreiche unterirdische Baue an.

Iltis und **Marder**. Sehr flinke Erd- und Baumbewohner, die räuberisch aktiv sind. Wegen ihres edlen Pelzes fast ausgerottet. Heute wieder zahlreicher in der Eifel.

Rehwild. Kleinste deutsche Wildhuftierart. Die Tiere leben in Rudeln und lieben dichte Wälder, sie sind Kulturfolger.

Rotwild. Das ist die größte deutsche Hirschart. Die Tiere leben in Rudeln und lieben dichte Wälder. Die männlichen Hirsche tragen mächtige Geweihe.

Schwarzwild. Wildschwein. Sie sind Kulturfolger, leben in Rotten und verdösen den Tag in Kesseln oder dichtem Unterholz. Das Schwarzwild durchsucht nachts die Wälder und Felder nach Nahrung.

Wiesel. Ein iltisartiger kleiner Räuber mit spitzem Kopf und braunrotem Fell. Im Winter weiß, nur die Schwanzspitze bleibt dunkel.

Herr von Weißnicht erklärt erdkundliche Wörter oder Begriffe

Hallo liebe Kinder, liebe Eltern,

ich bin von nun an für die Dauer von 18 wunderschönen Rad-Wandertouren Euer treuer Freund und Pfadfinder. Auf mich ist absolut Verlaß. Großes Indianer-Ehrenwort.

Mit meinen Freunden, der Barbara und dem Hans Joachim, bin ich alle Touren schon gefahren und kenne sie in- und auswendig. Alles was wir hörten und sahen, schrieben wir auf. Aber – wissen auch alle anderen Kinder und Eltern Bescheid über das, was sie in der Eifel sehen und hören werden? Hier kann ich nur sagen „weißnicht".

Doch keine Sorge, ich halte keinen wissenschaftlichen Vortrag, sondern erkläre ein paar Namen, die im Rad-Wanderführer immer wieder vorkommen.

Abgestorbene Ficht inmitten des Hochmoores (nahe der belgischen Grenze) in der Nordeifel bei Lammersdorf

Basalt ist so ein Wort. Und dieses Gestein werdet Ihr ja ausgiebig kennenlernen. Zum Beispiel in den Felsenkellern der Vulkanbrauerei. Da stehen mächtige, grauschwarze, eckige Säulen. Kaum vorstellbar, daß das einmal glutflüssige Lava war. Darum wird der Basalt auch als magmatisches Ergußgestein bezeichnet, weil er sich aus dem Vulkan heraus in die Landschaft ergießt. Die flüssige Lava ist eine glutheiße, gashaltige Gesteinsschmelze, etwa so flüssig wie heißes Kerzenwachs. Im Inneren der Erde heißt die Lava noch Magma.

Aus Basalt wurde früher Straßenpflaster hergestellt. Auch als Baumaterial für Häuser findet er noch heute Verwendung. Am besten sind jedoch die Mühlsteine aus Eifelbasalt.

Bims steht gleich als nächster Begriff. Kommt nur in vulkanischen Gegenden vor, also auch in der Eifel. Er ist grau und leicht, und wird meist zu Baustoff oder Schleifmittel verarbeitet. Der Bimsstein entsteht durch Gasexplosionen im Vulkan und wird dadurch in die nähere und weitere Umgebung herausgeschleudert. Je nachdem, wie stark es rumst im Schlot, kann der Bims auf mächtige Schichten anwachsen, so wie Ihr es in der Eifel seht. Vielleicht haben Eure Eltern sogar einen Bimsstein zu Hause. Damit könnt Ihr Euch durch scheuern lästige Hornhaut entfernen.

Buntsandstein findet Ihr in der Eifel recht häufig. Im Rurtal zum Beispiel. Die Burg Nideggen mitsamt dem Ort steht auf so einem Felsen. Auch im Urfttal bei Nettersheim und in der Südeifel kommt er in dicken Ablagerungen vor. Der Buntsandstein stammt aus einer sehr alten Erdgeschichte, dem Trias. Unter diesem Namen sind drei Erdabschnitte zusammengefaßt, nämlich Buntsandstein, Muschelkalk und Keuper. Das Ganze liegt schon 190 Millionen Jahre hinter uns.

Buntsandstein entstand meistens durch Verwitterung großer Gebirge und/oder als feinsandige Ablagerung auf Meeresböden oder in Flußtälern. Durch Verdichtung bildeten sich im Laufe der Jahrmillionen feste brauchbare Gesteine.

Grauwacke begegnet Euch fast überall in der Eifel. Das sind graue, manchmal auch ins grünliche gehende, harte Sandsteine aus Mineralien wie Quarz, Feldspat und Glimmer.

Die Grauwacke ist das Hauptgestein des Erdaltertums, auch Paläozoikum genannt. Das haben wir schon weit, weit hinter uns gelassen, nämlich 220 Millionen Jahre. Grauwacke ist den meisten von Euch als Bahnschotter bekannt. Die Schienen der Eisenbahn liegen darin.

Kalk. Ein universales Gestein. Kalk kommt einmal organisch vor, das heißt, Lebewesen bilden ein Kalkskelett aus Knochen, Schalen und Panzer. Marmor ist so eine Art von Kalk. Dann gibt es den Kalk aus Calciumcarbonat. Das ist ein Mineral und zählt zu den Urgesteinen. In Gerolstein zum Beispiel findet Ihr die organischen Überreste von Millionen Tieren in Form eines Korallenriffs. In der Kalkeifel, so bei Bad Münstereifel, wird der mineralisierte oder versteinerte Kalk im Steinbruch abgebaut und in Kalkbrennöfen aufbereitet. Das ist der Unterschied.

Schiefer, der Hauptbestandteil des Eifelgebirgess, kennt Ihr alle aus der Schule. Die Tafel, auf der Ihr als Schüler geschrieben habt, ist aus Schiefer. Den Schiefer erkennt Ihr deutlich an den parallel angeordneten dünnen Platten. Das ist der Tonschiefer, der durch den Druck der Erdkruste entstand und meist dunkelgrau bis schwarz ist. Der andere Schiefer bildete sich durch Umformung aus Mineralien und heißt kristalliner Schiefer. Weil Kristalle zu seinem Entstehen nötig waren.

Schlacken. Das sind geschmolzene und später wieder erkaltete Überreste von verbranntem Material. Meist entstehen Schlacken bei der Kohleverfeuerung. Da ein Vulkan jedoch keine Kohle benötigt, um Gestein zu verbrennen (die Lava ist ja flüssig und glutheiß), werden die ausfließenden Lavaströme teilweise in Schlacken umgewandelt. Das geschieht oft, wenn anderes, brennbares Material mit der Lava in Berührung kommt. Eine andere Art von Schlacke, die sogenannte Schweiß-Schlacke, entsteht durch Auswurf von zähflüssiger Lava, die bereits in der Luft oder am Boden erstarrt. Solche Schlacken sind in der Vulkaneifel recht häufig zu finden.

Trass, das sind vulkanische Sande und feine Sedimente, die sich während und nach den Ausbrüchen allmählich ablagerten. Im Brohltal seht Ihr die ehemaligen Trassgruben- und Brüche. Der Trass hat eine helle Farbe und schimmert im Sonnenlicht fast cremefarben bis weiß.

Tuff, ein sehr beliebtes Gestein bei Bildhauern und Steinmetzen. Leicht und gut zu bearbeiten, ist er heute einer der Hauptersatzsteine bei Renovierungs- und Ausbesserungsarbeiten. Im Dom zu Köln wird statt des gegen Umwelteinflüsse anfälligeren Sandsteins der Tuff aus der Eifel verwandt. In Richtung Laacher See und bei Weibern findet Ihr noch große Tuffbrüche. Entstanden ist er aus einem Gemenge von Sand und Muschelkalk vor ungefähr 200 Millionen Jahren. Da war die Eifel vom Meer bedeckt.

Was Herr von Weißnicht für sicheres und erholsames Radfahren empfiehlt

Liebe Kinder, liebe Eltern,

Radfahren ist eine tolle Sache und macht einen Riesenspaß. Besonders wenn Ihr mit mir durch die wunderschöne Eifel radelt. Und damit Ihr und Eure Eltern diese Freude ungetrübt genießen könnt, gebe ich Euch vorab einige Hinweise und Empfehlungen. Denn nichts ärgert einen Radfahrer mehr, als beim Start festzustellen, daß entweder etwas vergessen oder zuviel mitgenommen wurde. Warum sollt Ihr Euch nicht meine Erfahrungen zunutze machen? Dann lest Euch gemeinsam mit Euren Eltern diesen Abschnitt des Buches gut durch. Danach braucht Ihr Euch wirklich nur noch auf die Räder schwingen und losfahren.

Wir unternehmen Radtouren in der Eifel. Die Eifel ist ein Gebirge, da geht es mal hinauf – mal hinunter. Vielleicht wart Ihr ja schon einmal mit Euren Rädern in einem Gebirge oder da, wo es etwas hügelig ist. Dann habt Ihr sehr schnell festgestellt, daß bergfahren ganz schön anstrengend sein kann, wenn man das falsche Fahrrad oder eine unpassende Schaltung hat. Womit wir auch schon beim ersten Punkt sind. Was ist das richtige Rad für einen Radfahrer? Das fängt bei der **Rahmengröße** an. Die richtet sich nach der jeweiligen Körpergröße des Radfahrers. Darauf müßt Ihr besonders achten, wenn Ihr Euch ein neues Rad kaufen wollt oder müßt. Als Regel gilt, daß der Radfahrer bequem auf dem Sattel sitzt, und die Fußsohle bei gestrecktem Bein auf dem Pedal aufliegt.

Der **Sattel** ist das A und O des Radfahrens überhaupt. Mit ihm steht und fällt das Vergnügen einer Radtour. Daher unbedingt billige Konfektionssättel meiden (sind meist aus Kunststoff und Massenware) und statt dessen einen zwar teuren, dafür langlebigen Ledersattel anbringen. Euer Po wird es Euch danken.

Der **Lenker** muß so geformt sein, daß Ihr ohne große Gewichtsverlagerung nach vorne an die Lenkerenden gelangt. Das entlastet die Schultern und schafft guten Überblick. Sportlicher Schnick-Schnack hat meist nur optischen Charakter, aber selten technischen Nutzwert. In erster Linie muß Euer Fahrrad sicher sein.

Die **Schaltung** gibt Euch die Möglichkeit, Eure Geschwindigkeit der Strecke anzupassen. Darüber hinaus erleichtert sie das Erfahren von Steigungen, die sich besonders im Bergland über eine größere Distanz unangenehm strecken können. Rechtzeitig geschaltet hilft Kraft sparen, die dann an anderer Stelle eingesetzt werden kann. Hier haben sich die modernen Kettenschaltungen bewährt, die im Normalfall mit 21 Gängen aufwarten. Nachteil dieser Schaltung ist ihre Anfälligkeit gegenüber Staub und Schmutz. Daher bedarf diese Technik regelmäßiger Pflege.

Wo im Flachland oder leicht hügeligem Gelände eine 3-Gang-Schaltung ausreicht, verlangt das Bergfahren mindestens 5- oder 7-Gang-Schaltungen. Hier bieten zahlreiche Hersteller Nabenschaltungen an, das heißt, die Schaltung ist in einem staub- und wasserdichten Gehäuse untergebracht. Der Nachteil ist das hohe Gewicht dieser Schaltung. Ihr seht also, wie wichtig es ist, auf die Einzelheiten zu achten. Wo wir gerade beim Gewicht sind: denkt beim Fahrradkauf daran, Euer zukünftiges Rad in die Hand zu nehmen, also vom Boden abzuheben. Wenn es sich leicht anheben läßt, ist das ein Beweis für einen hochwertigen Rahmen, der allerdings auch seinen Preis hat. Außerdem habt Ihr die Qual der Wahl zwischen einem Sportrad und einem Mountain-Bike. Letzteres solltet Ihr wirklich nur erwerben, wenn Ihr überwiegend querfeldein fahren wollt. Meine Freunde, die Barbara und der Hans Joachim, bevorzugen Trekking-Räder, das sind Mischlinge aus Sportrad und Mountain-Bike. Damit kommt Ihr in fast allen Fällen gut und sicher durch jedes Gelände. Und denkt auch an einen Ersatzschaltzug (lange Ausführung).

Reifen spielen beim Radfahren eine ebenso wichtige Rolle, wie die Schaltung oder der Sattel. Trekking-Räder besitzen einen Kombi-Reifen, der sowohl auf Asphalt als auch auf wenig befestigtem Untergrund gefahren werden kann. In der Mitte des Reifens verläuft ein Steg, der das Fahren auf Straßen und festen Radwegen erlaubt. Für das Gelände steht dann ein griffiges Stollenprofil zur Verfügung, was Euch auf Euren Fahrten durch die Eifel von großem Nutzen ist.

Bremsen muß jedes Fahrzeug besitzen, das am Straßenverkehr teilnimmt. Auch Euer Fahrrad. Stellt Euch nur vor, Ihr radelt durch die Eifel ohne, oder mit schlechten Bremsen. Das kann ganz schön ins Auge gehen. Daher auf eine gute Griffigkeit der Bremsklötze achten. Die Bremsgriffe müssen schnell und leicht zu bedienen sein. Gleiches gilt für die Schaltung, die sich meist direkt neben den Bremsgriffen befindet. Stets einen Ersatzbremszug mitführen (lange Ausführung).

Fahrräder mit Kettenschaltungen besitzen serienmäßig nicht immer einen **Kettenschutz**. Gerade bei Fahrten durch Gelände mit wechselndem Untergrund und bei Wetterumschwüngen ist so ein Kettenschutz von enormem Vorteil. Schmutz, Öl und Staub werden vom Kettenschutz abgefangen und nicht von Eurer Hose oder Euren Schuhen und Beinen.

Die **Beleuchtung** versteht sich von selbst. Scheinwerfer und Rücklicht sowie Front- und Rückstrahler sind heute an allen Fahrrädern Vorschrift. Dazu kommen Reflektoren zwischen den Speichen und an den Pedalen. Wir haben an unseren Rädern Rücklichter mit eingebautem Standlicht montiert. Das ist besonders praktisch und sicher, wenn Ihr irgendwo absteigen und warten müßt, wo wenig oder gar kein Licht vorhanden ist. Dann seid Ihr immer sofort zu erkennen.

Zusätzliche Sicherheit bieten leichte Überjacken mit Reflektorbändern, die über Brust und Rücken verlaufen.

Womit wir auch schon bei der **Bekleidung** sind. Wir bevorzugen Hemden und Jacken aus einer Mischfaser, die Körperfeuchtigkeit, also Schweiß heraus, aber keine Nässe, so bei Regen, hineinläßt. Gerade bei Bergfahrten wird viel geschwitzt, und Wäsche aus Baumwolle ist da weniger geeignet, weil sie Schweiß aufsaugt und am Körper festklebt. Die dann entstehende Verdunstungskälte verdirbt einem rasch die Freude am Radfahren. Benutzt diese Art Kleidung höchstens zum Wechseln bei längeren Rasten. Je nach Wetterlage empfiehlt sich lange oder kurze Hose, die in jedem Fall körpernah anliegen sollte. Zu weite Beinbekleidung bildet Falten und schiebt sich zwischen die Beine und den Po, was zu unangenehmen Hautreizungen führen kann, die im schlimmsten Fall das Radfahren frühzeitig beenden. Radfahrerhandschuhe können im einen oder anderen Fall angebracht sein (gegen schwitzige Hände).

Wetterschutz. Hier gilt regensichere, aber leichte Kleidung, die bei Bedarf übergestreift wird. Jacke mit Kapuze und Lange Hose mit Gummibund an den Ärmel- und Fußenden. Das reicht, um den Körper trocken zu halten. Für alle Fälle noch einen Gepäcktaschenschutz, den Ihr einfach wie eine Haube über die Taschen stülpt. Das hat alles in einer kleinen Tasche Platz. Überhaupt werdet Ihr staunen, was in so eine Fahrradpacktasche alles hineingeht. Doch denkt immer daran, Ihr müßt alles bewegen, was Ihr zusätzlich mitnehmt. Auch ein Fahrrad rollt nur bei der Talfahrt von allein, ansonsten heißt es in die Pedale treten, um voran zu kommen.

Einen **Schutzhelm** solltet Ihr Kinder (aber auch die Erwachsenen) auf jeden Fall tragen, ganz besonders in bergigem Gelände. Es muß ja nicht gleich ein Sturz sein, aber es können ja auch Steine von Felsnasen oder Abhängen herunterfallen. Da hat ein Schutzhelm schon manch arge Verletzung verhindert. Schon für kleine Kinder gibt es Helme in allen Ausführungen. Wichtig ist, daß der Helm gut sitzt, aber nicht drückt. Leicht sollte er sein, aber trotzdem stabil und bruchsicher.

Setzt nach Möglichkeit immer eine **Sonnenbrille** auf. Diese schützt nicht nur vor Blendung durch Sonnenstrahlen, sondern auch vor Staub, kleinen Steinchen und Insekten.

Zubehör. In jedem Fall ein Reparaturset, Flickzeug, Ventile, mehrere Maul- und Ringschlüssel sowie Reifen-Montiereisen. Ein Nippelspanner ist anzuraten, da sich bei längeren Fahrten und Belastungen schon mal die eine oder andere Speiche lockert. Für alle Fälle noch einen Ersatzschlauch, falls der Defekt mit Bordmittel nicht zu beheben ist. Die meisten Schläuche besitzen heute die sogenannten „Autoventile". Das ist praktisch, wenn Ihr an einer Tankstelle vorbeikommt, aber die werdet Ihr nur höchst selten auf unseren Radwandertouren antreffen. Damit Euch nicht die Luft ausgeht, empfehle ich einen Ventiladapter, den Ihr auf das Autoventil aufschraubt. Jetzt könnt Ihr mit einer normalen Fahrradpumpe Euren Schlauch aufpumpen. Ganz wichtig sind Handschuhe. Da reichen Einmalhandschuhe völlig aus. Gibt es in jedem Kaufhaus. Immer drei oder vier Paar dabei haben, falls Euch mal die Kette abspringt, die vor Fett und Schmiere nur so strotzt. Bindfaden und Nähzeug gehören ebenso dazu. Also nicht vergessen.

Erste Hilfe. Pflaster, Mull, eine kleine Schere oder ein Messer und ein Antiseptikum wie Jod gehören in jede Fahrradapotheke. Für die kleinen „Unfälle" die jeden von uns einmal treffen. Außerdem ein oder zwei Päckchen Papiertaschentücher, die sich auf jeder Tour als sehr hilfreich erweisen (bei notwendigen Toilettengängen in der freien Natur) und ein Stück Seife. Natürlich auch eine Pinzette, denn Dornen in den Fingern können ganz schön weh tun.

Packtaschen: Hier müßt Ihr wieder entscheiden, was Ihr transportieren wollt. Bekleidung benötigt keine starren Behälter, es genügen hier Packtaschen aus weichem, wasserdichten Gewebe, die sich mühelos zusammenfalten lassen und kaum Platz beanspruchen.

Anders dagegen bei Flaschen, Lebensmitteln, Fotoapparat und anderen empfindlichen Transtportgütern. Hier ist in jedem Fall eine feste Tasche vorzuziehen, die zudem über einen Tragegriff verfügen sollte. So könnt Ihr bei einer Rast die Tasche bequem bei Euch tragen. Hier gilt besonders die Regel: alles mitnehmen was nötig – und alles daheim lassen, was belastet. Am besten macht Ihr vor Antritt der Tour eine Aufstellung von allem, was Ihr glaubt zu brauchen.

Dann packt Ihr Eure Taschen und hängt sie ans Rad. Probetour-Fahren nennen wir das. Radelt eine halbe Stunde durch die Gegend und versucht auch einmal, das Fahrrad eine kurze Strecke zu tragen. Wenn Ihr danach zufrieden seid, ist es schon in Ordnung. Meist jedoch wird viel zuviel und verkehrt eingepackt.

Orientierungshilfe – Kartenhalter. Der wird auf den Lenker des Führrungsrades geschraubt und kann von großem Nutzen sein. Ihr könnt die Karte so einklemmen, daß Ihr immer den Abschnitt vor Augen habt, den Ihr gerade fahrt. So braucht Ihr nicht ständig anzuhalten und umständlich die Karte auf- und zufalten. Außerdem genügt ein kurzer Blick, und Ihr wißt wo es langgeht.

Verpflegung. Leichte Kost ist angesagt bei Radtouren, leicht aber nahrhaft. Und ausreichend Getränke. Da Ihr mit Euren Eltern fahrt, läßt sich der Proviant wunderbar auf drei oder vier Fahrräder verteilen. Verzichtet nach Möglichkeit auf Süßigkeiten, die verkleben nur den Mund und machen noch mehr Durst. Obst, belegte Brote, Käse, vielleicht ein vorbereiteter knackiger Salat; für einen guten Radfahrer ist das alles kein Problem. Entsprechend leichte Verpackungen sind in jedem Kaufhaus zu bekommen. Bestens bewährt hat sich auf allen

Radtouren das beliebte Sprudel- oder Mineralwasser. Auch schwarzer Tee mit Zitrone ist nahezu ideal. Weder Limonade noch andere süße Durstlöscher sind aus unserer Sicht zu empfehlen. Der Handel bietet kleine Flaschen an, in die Ihr Eure Getränkeportionen schon Zuhause einfüllen könnt.

So spart Ihr das Gewicht der Glasflaschen und vermeidet Müll bei Einwegdosen, die Ihr ohnehin leertrinken müßt.

Barbara mit Herrn von Weißnicht am Rastplatz der Kakus-Höhle

Grillhütte. Grillen macht Spaß, besonders nach einer Radtour. Auch hier gilt der Grundsatz der leichten Kost. Und der Vorsicht. Aber das brauche ich Euch eigentlich nicht zu sagen. Doch was nutzt die schönste Grillhütte, wenn Ihr kein Feuer habt. Wir empfehlen Euren Eltern ein Feuerzeug, Streichhölzer und Euch ein Vergrößerungsglas. So habt Ihr in jeder Situtation die Möglichkeit, Feuer zu machen.

Dann wäre da noch die Sache mit den **Schuhen**. Fußgänger/Wanderer tragen andere Schuhe als Radfahrer. Die sind fester und vom Profil her grobstolliger. So etwas braucht Ihr zum Fahrradfahren nicht. Aber Ihr sitzt ja nicht nur auf dem Sattel, sondern steigt zwischendurch ab, legt eine Pause oder gar den einen oder anderen Fußweg ein, beispielsweise um etwas zu erkunden. Eine Höhle oder die Eifelvulkane. Da empfiehlt es sich, Schuhe mit griffiger Sohle zu tragen, die auch noch den Knöchel schützen. Es gibt da sehr leichte und trotzdem gute Ausführungen, die auch im Hochsommer nicht den berüchtigten „Schweißfuß" entstehen lassen. Ein paar Socken zum Wechseln, und das wäre es schon. Fußpuder muß nicht sein, Ihr wascht Euch ja abends die Füße – oder? Auf alle Fälle ein paar „alte Klamotten" die ruhig versaut werden können. Extra verpackt in einer Tragetasche könnt Ihr Euch ruck-zuck umziehen.

Glück. Das wünschen wir Euch und Euren Eltern von ganzem Herzen auf allen Euren Touren. Fahrt vorsichtig, laßt Euch nicht zu „Mutproben" hinreißen, denn die sind in den seltensten Fällen geeignet, das Vertrauen Eurer Eltern in Euch zu stärken. So ausgerüstet und vorbereitet, wird jede Fahrradtour zu einem ganz besonderen Erlebnis. Und denkt daran, den Rad-Wanderführer Eifel einzustecken. Denn durch den lernt Ihr die Eifel wirklich super kennen. Und ein Fernglas, um die Schönheiten der Natur zu sehen. Euren Fotoapparat habt Ihr selbstverständlich im Gepäck. Und nehmt auch ein kleines Notizbuch mit. Darin notiert Ihr Eure Entdeckungen und könnt abends am Lagerfeuer oder in Eurem Quartier die Tour noch einmal in Ruhe durchgehen. Und dann die letzte große Bitte: schont die Natur! Reißt nichts ab oder aus, fangt keine Tiere und spielt nicht mit den Streichhölzern. Euren Müll – wenn er sich nicht vermeiden läßt – nehmt bis zum nächsten Papierkob mit. Eifel und Tiere danken es euch. Also dann Freunde – auf die Sättel – und ab geht die Fahrt.

Herzlichst

Euer Herr von Weißnicht

P. S.: Wenn wir eine Radtour durchführen, dann nehmen wir unser Handy mit. Für alle Fälle. Es könnte ja trotz aller Vorsicht ein Unfall geschehen abseits der Straßen im Gelände. Schnelle Hilfe muß her – aber wie? Weit und breit niemand, der ansprechbar ist. Das kann lebensrettend sein! Auch in der Eifel.

Wo die alten Rittersleut wohnten – Burg Nideggen

Hallo Kinder, ich freue mich riesig, Euch hier zu treffen. Und daß Ihr Eure Eltern mitnehmt, das ist wirklich super. Und natürlich auch praktisch, zum Beispiel sind sie hier als Autofahrer, beim Einkauf von Essen und Trinken und beim Bezahlen von Eintrittsgeldern unentbehrlich.

Womit wir auch schon gleich das erste Abenteuer erleben, den Besuch einer richtigen Ritterburg aus dem 12. Jahrhundert. Das ist Burg Nideggen, auf einem mächtigen Sandsteinfelsen hoch über dem Rurtal. Weithin sichtbar gibt sie Kunde von der einstigen Macht und Herrschaft des Ritterstandes. Erbauen ließ die Burg Graf Wilhelm II., Herzog von Jülich. Aber schon viel früher, nämlich im 7. Jahrhundert, war dieser Ort bewohnt. Wegen der schönen Aussicht würde ich sagen. Und weil sich die Herrschaften dort sicher fühlten. Fränkische Siedler zog es ins Rurtal und auf die felsigen Anhöhen bei Nideggen. Nach Errichtung der Burg stieg Nideggen zur mächtigsten Bastion der Jülicher Herzöge auf, und trug damit im Laufe der Geschichte die Hauptlast zahlreicher Kriege. Mehrmals wurde die Burg ausgeraubt und niedergebrannt, doch jedesmal fanden die Menschen die Kraft zum Wiederaufbau. Im Jahre 1755/56 fügten Erdbeben der Burg und Stadt schwere Schäden zu. Aber erst die Bombenangriffe des Zweiten Weltkrieges zerstörten nachhaltig nicht nur die Burg, sondern fast alle Gebäude Nideggens. So ist das mit den Menschen. Erst wird alles aufgebaut und hinterher zerdeppert. Das soll noch einer verstehen. Also eines müßt Ihr mir versprechen, daß Ihr solchen Unfug nicht macht, wenn Ihr erwachsen seid.

Den kleinen Ort Nideggen solltet Ihr Euch genau ansehen, denn Ihr werdet nichts mehr von den Verwüstungen sehen, im Gegenteil. Die Stadt ist schöner denn je. Und erst die Burg, in der es viel zu bestaunen gibt, besonders im Museum. Richtige Ritterrüstungen, alte Möbel, Schwerter, Lanzen und ganz normale Haushaltsgegenstände. Eben alles, was ein Ritter damals benötigte. Wer die Aussicht von der Burg genießen möchte, der nimmt Platz auf der wunderschönen Terrasse, wo Ihr unter hohen Bäumen sitzen könnt. Ihr schaut nämlich von der Burg aus auf das Gebirge, durch das Eure Radwanderung führt. Aber keine Angst, ich habe den Radweg so gewählt, daß Eure Eltern sich nicht allzu sehr anstrengen müssen. Zuvor jedoch stellen Eure Altern das Auto am besten auf dem Parkplatz *Bewersgraben* ab,

Die Burg Nideggen auf Buntsandstein

von wo aus der Weg direkt in die Stadt und zum Burgenmuseum führt (Hinweisschilder!). Aber das ist längst nicht alles. Rundum im Rurtal erheben sich weitere mächtige Buntsandsteinfelsen, die aber nur von ganz erfahrenen Bergsteigern erklettert werden dürfen.

Aber auch anschauen ist atemberaubend, und vielleicht entdeckt gerade Ihr die Uhus und Wanderfalken, die in den Felsen ihre Horste haben. Nach all dem schauen, flanieren und Eis essen wollt Ihr Euren Eltern endlich das wild-romantische Kalltal zeigen.

Mit dem Auto fahren Eure Eltern von Nideggen aus bergab nach *Brück*, wo im Kreisverkehr ein Schild nach *Zerkall* weist. Nach wenigen Minuten ist der Ort erreicht. Jetzt könnt Ihr Euren Eltern beweisen, wie gut Ihr als Pfadfinder seid. Links seht Ihr ein Schild *„Papierfabrik"*. Ihr folgt der schmalen Straße mit dem Auto bis zu einem kleinen Parkplatz vor der Fabrik. Aussteigen, Fahrräder abladen und dann könnt Ihr starten zur Radtour durch das wunderschöne **Kalltal**.

Damit Ihr auch ganz genau den Weg findet, müßt Ihr auf das Schild mit dem *grünen Fahrrad und den grünen Fußgängern* achten. Dann kommt Ihr immer ans Ziel. Von der Fabrik aus radelt Ihr 400 Meter bis zur ersten Abzweigung, die direkt auf eine kleine Brücke führt. Schon seid Ihr über die Kall. Weiter geht es auf festem Feld- und Wirtschaftsweg durch eine blühende Wiesenflur und Aulandschaft. Bald teilt sich der Feldweg. Ihr folgt dem Hinweis *schwarzes Dreieck* und biegt links ab. Jetzt könnt Ihr schon voraus das Radwanderschild mit den grünen Symbolen erkennen, wo es rechts abgeht.

Die Fahrt im Talgrund ist auch im Hochsommer stets erfrischend, und wenn es wirklich zu heiß wird, dann könnt Ihr Euch jederzeit im Kallbach abkühlen. Aber vorsichtig Kinder, das Wasser ist auch im Sommer eiskalt. Jetzt gelangt Ihr zu einer Schutzhütte. Dort solltet Ihr Euren Eltern eine Rast gönnen, denn sie sind ja bisher ohne Murren mitgefahren und sehr stolz auf Euch. Endlich geht es weiter, denn Ihr könnt es ja kaum erwarten, ans Ziel zu gelangen. Zu beiden Seiten des Kallbaches erheben sich mächtige Felsen, Schiefer und Grauwacke, um die Falken und Dohlen kreisen. An der Schutzhütte seht Ihr wieder das Schild mit den *grünen Symbolen*, das nach rechts zeigt. Ihr biegt ab vom festen Radwanderweg und radelt auf dem Feldweg durch Wiesen und Auen. Nach 200 Metern folgt Ihr dem bekannten Hinweisschild, denn der Weg macht eine Schleife nach links. Durch die Aulandschaft fahren wir bis zu einem Brückchen und queren erneut den Kallbach. Aber nicht nur die Aulandschaft ist erfüllt von quirligem Leben. Im Kallbach könnt Ihr Forellen, Äschen und Rotaugen beobachten, oder den Libellen zusehen, wenn sie das Wasser verlassen und sich aus ihrer Larvenhülle befreien. Hinter dem Brückchen haltet Ihr Euch linkerhand. Im Talgrund seht Ihr das ehemalige **Hammerwerk Zweifallshammer**, wo noch im vergangenen Jahrhundert die Schmiedehämmer dröhnten. In der Eifel wurde richtiges Erz gefördert, und die Schmelzöfen brannten Tag und Nacht. Ihr verlaßt den Radweg und biegt auf die Straße ein, auf der Ihr 200 Meter bergan radelt. Schon seht Ihr auf der linken Seite Euer Radwander-Wegezeichen. Dort biegt Ihr links ein und folgt dem Uferweg, der durch eine urwüchsige und naturbelassene Landschaft führt.

Im Frühling sind die Wiesen übersät mit Wald- und Wiesenprimeln, wilden Narzissen, Wiesenschaumkraut und Kuckuckslichtnelke. Bunte Schmetterlinge gaukeln durch die Lüfte und die Frösche quaken im Binsenkraut. Eine Rad-Wandertour im Mai durch das Kalltal ist ein Augen- und Ohrenschmaus. Das reinste Konzert – ein herrliches Erlebnis. In den Lüften kreisen Roter Milan und Bussard, und aus Bäumen und Büschen ertönt der Gesang der Vögel.

Bald gelangt Ihr zu einer *grün-weißen Absperrung*, die aber nur für Autos gilt. In diesen Weg mit der *Nr. 4* fahrt Ihr hinein. Ihr kommt zu einer richtigen, alten Holzbrücke und müßt den Kallbach überqueren. Vor Euch öffnet sich eine vielfältige Bachlandschaft, eingerahmt von den Schieferbergen der Eifel. Hier an der Brücke bietet sich ausgiebig Gelegenheit mit dem Wasser des Kallbaches in Berührung zu kommen. Ufer und Bach sind flach und Ihr könnt ein erfrischendes Bad nehmen, oder mal einfach drauflosplanschen, kleine Flöße und Schiffchen bauen oder ein Mühlrad. Eine richtige große Wassermühle ist die *Mestrenger Mühle*, die Ihr auf Eurer Radtour bald erreicht. Zunächst jedoch heißt es ein kurzes Stück die Räder schieben, weil Ihr einen buckeligen Feld- und Wiesenweg befahrt. Und das ist doch viel schöner und interessanter, als auf einer glatten Asphaltstraße mit hunderten Autos. Dann ist eine weitere Abzweigung erreicht, und Ihr haltet Ausschau nach der Wegezeichnung *Nr. 4*. Die zeigt nach links, und schon seid Ihr wieder auf festem Radfahrweg.

Was jedoch wäre eine Rad-Wandertour durch die Eifel ohne Steigungen. Aber keine Angst, es sind nur ganz harmlose, und die schafft Ihr doch mühelos. Dafür gibt es dann auf der anderen Seite schöne Abfahrten, wo Ihr es Euch auf dem Sattel bequem machen könnt. Überall recken gewaltige Felsen ihre Nasen in den Himmel. Ganz dicht könnt Ihr an Schiefer und Grauwacke heran, manche sogar anfassen. Und wieder teilt sich der Rad-Wanderweg, doch Euer Pfadfindersinn führt und zeigt Euch den rechten Weg, und der geht immer am Bach entlang. An der Gabelung bleibt Ihr rechts (Leitplanken beachten), radelt hinunter zum Bach und fahrt rechts über eine Steinbrücke. Nach hundert Metern nochmals links, und die **Mestrenger Mühle** liegt vor Euch. Sie stammt aus dem 17. Jahrhundert und war zunächst eine Korn-, später eine Ölmühle. Heute ist sie ein Gasthaus, wo es leckeres Eis und köstliche Limonade gibt. An der Mühlenstube dreht sich wie eh und jeh das große Mühlrad. Im Fischteich könnt Ihr den Forellen zusehen, oder im großen Vogelgehege den Papageien lauschen. Auf alle Fälle solltet Ihr eine Rast einlegen, denn an der Mühle ist es wunderschön. Nachdem Ihr und vor allem Eure Eltern wieder zu Kräften gekommen seid, ist es bis Simonskall nur noch ein Katzensprung.

Ihr folgt dem Wanderweg durch das Mühlengelände, Räder schieben(!!), der ist zwar schmal, aber ungemein aufregend und interessant, denn Ihr geht auf einem Damm, der das Kallwasser für die Mühle vom Kallbach ableitet.

Keine Sorge, der Weg ist durch ein Holzgitter vom Wasser getrennt. Am Ende des Mühlbach-Weges seht Ihr die Markierung *Weg Nr. 3*. Dem folgt Ihr nach rechts und befindet Euch auf dem historischen Kall-Wanderweg, der auch mit einem *H* gekennzeichnet ist.

Nach einer mäßigen Steigung gelangt Ihr in einer Biegung an einen *Wegestein.* Darauf steht Simonskall.

Der Pfeil zeigt nach links. Bald schon öffnet sich das Kalltal zu einer weiten Schüssel, und kurz vor dem Ort befindet sich links am Kallbach nochmals ein Rastplatz mit Sitzbänken und Tischen. In **Simonskall** lohnt sich der Bummel durch den winzigen Ort, wo viele alte Häuser zu bewundern sind. Oder die alte romanische Kirche aus dem 17. Jahrhundert. Im gleichen Jahrhundert, genau 1617, wurde Simonskall gegründet. Es geht auf eine Eisenhütte zurück, die an dieser Stelle betrieben wurde. Sehenswert ist auch die alte Burganlage. Den Weg zurück zum Ausgangspunkt nach Zerkall fahrt Ihr dann auf gleicher Route.

i

Wie kommt man nach Nideggen/Zerkall?
Bahnstation Nideggen, Busverbindungen mit Düren, Heimbach, Hellenthal, Monschau, Simmerath und Zülpich;
Autobahnabfahrt Euskirchen-Wißkirchen, B 266 bis Obergartzem, dort dem Wegweiser nach Schwerfen zur B 477 bis Kloster Mariawald, über die B 265 dem Hinweis Nideggen folgen.

Weglänge:	22 km		
Burgenmuseum Öffnungszeiten:	1. April bis 31. Oktober		
	dienstags bis sonntags		10.00 – 17.00 Uhr
	(Einlaß bis 16.30Uhr)		
	1. November bis 31. März je nach Wetterlage nur samstags, sonn- und feiertags		
Eintritt:	Erwachsene	DM	3,50
	Kinder bis 16 Jahre	DM	2,00
	Familien	DM	6,00
	Gruppen ab 10 Personen:		
	Erwachsene	DM	2,50
	Kinder	DM	1,50
Führungen:	dienstags bis freitags	DM	35,00
	samstags, sonn- und feiertags	DM	45,00
	(bis ca. 30 Personen)		
Auskünfte:	Hans Kremer, Nideggen, Telefon 0 24 27/63 40		
	Verkehrsamt, Nideggen, Telefon 0 24 27/8 09-0		

Einkehrmöglichkeiten: Burg-Gaststätte in der Burg
(Telefon 0 24 27/12 52)
örtliche Gastronomie
Mestrenger Mühle (freitags Ruhetag,
Telefon 0 24 74/14 87)
Talschenke in Simonskall
(Telefon 0 24 29/71 53)

Tip:
Museum „Hürtgenwald 1944 und im Frieden" (Telefon 0 24 29/78 22 und /75 71)
Hotel „Zum alten Forsthaus" in Vossenack (1. und 2. Sonntag im Monat 11.00 – 17.00 Uhr)

Kartenempfehlung:
1 : 50 000 Rad-Wanderkarte Deutsch-Belgischer Naturpark – Rureifel

2 Rund um Deutschlands größte Talsperre

Der Rurstausee in der Eifel und das schönste Wasserkraftwerk der Bundesrepublik

Wer den Rurstausee nicht umwandert oder mit dem Rad umfahren hat, der war nicht in der Nordeifel. Sicher wißt Ihr alle, wieviel ein Liter Wasser ist. Eintausend davon sind ein Kubikmeter. Und davon befinden sich im Rurstausee 203 Millionen. Der Rurstausee ist so groß, daß zahlreiche Schiffe auf ihm herumfahren und den Touristen und Besuchern die wunderschöne Bergwelt der Eifel zeigen. Noch besser lernt Ihr die Eifel kennen, wenn Ihr auf Schusters Rappen oder besser noch mit dem Fahrrad unterwegs seid. Eine der schönsten Rad-Wandertouren bin ich für Euch vorgefahren, und die werdet Ihr jetzt gemeinsam mit Euren Eltern erleben. Eines kann ich Euch schon vorab versprechen: Ihr werdet nie Langeweile haben, soviel gibt es zu sehen und zu bestaunen.

Womit wir auch schon bei der ersten Attraktion sind, einem richtigen Wasserkraftwerk. Das steht in Heimbach-Hasenfeld und beherbergt außerdem das RWE-Industriemuseum. Gebaut wurde das Kraftwerk 1905 und gilt als das Schönste in Deutschland. Natürlich ist das Kraftwerk noch in Betrieb und erzeugt tüchtig Strom auf die umweltfreundlichste Weise, die man sich vorstellen kann. Wasser strömt aus einer Talsperre durch Rohre in Turbinen, und die treiben dann Generatoren an. Aber darüber werdet Ihr im Kraftwerk super informiert. Im Museum stehen alte Küchengeräte und viele andere Dinge, die alle mit Strom betrieben wurden. Ihr könnt in die Maschinenhalle, wo die riesigen Generatoren laufen und in den Turbinenkeller, wo es richtig unheimlich ist. Eine ganz liebe Mitarbeiterin des RWE führt Euch durch das Museum und antwortet Euch auf alles, was Ihr über elektrischen Strom und das Kraftwerk wissen wollt.

Zuvor jedoch startet Ihr zur Rundfahrt um den **Rurstausee**. Idealerweise parken Eure Eltern das Auto direkt auf dem Parkplatz vor dem Kraftwerk. Dort beginnt nämlich der *Rur-Ufer-Radweg*, dem Ihr flußaufwärts folgt. Nach 500 Metern geht es links bergan. In zahlreichen Kehren windet sich der Radweg bis zur Staumauer hoch, die Ihr bei Schwammenauel erreicht. Ihr folgt dem Hinweisschild *Krönungsweg 10* und gelangt zu einer Imbißstube, wo Ihr links abbiegt und Euch nach wenigen Metern sofort wieder rechts haltet. Jetzt fahrt Ihr auf dem *Seerundweg*, der auf der Staumauer längs führt, und genießt die Aussicht auf eine riesige Wasserfläche inmitten einer wunderschönen Bergwelt. Dann seht Ihr linkerhand das Büro der Rursee-Schifffahrt-Schwammenauel (Abfahrt – Ankunft). Dort biegt Ihr links ein in den *Rur-Ufer-Radweg*, der auch gleichzeitig der *Wanderweg 12* ist (*schwarzes Dreieck*). Zur Rechten befindet sich ein Café mit einem Spielplatz.

Schon ist der „Seehof" erreicht, wo Ihr die größte Wasserorgel der Welt bewundern könnt. Oder ein Boot leihen und auf dem Rursee herumfahren. Das eigentliche Abenteuer beginnt jedoch erst, nämlich die Rundfahrt um den See. Wohin Ihr auch schaut, die Wegränder und Berghänge sind übersät mit den herrlichsten Blumen, so echten Veilchen, Vergißmeinnicht, Arnika, Weißer Wiesenstern, Storchschnabel und dem duftenden Waldmeister. In zahllosen Schlingen windet sich der Radweg um die Buchten und durch Schluchten, die die Ufer des Rursees säumen. Segelboote lassen sich vom Wind schieben, Angler versuchen ihr Glück, und aus den Bäumen und Büschen ertönen die Lieder der gefiederten Sänger. Die Wälder um den Rursee sind ganz besonders schön und wertvoll, denn es sind kerngesunde Mischwälder. Buchen, Eichen, Ahorn, Eschen, Tannen und Fichten stehen in lebendiger Eintracht beisammen und machen das Radfahren zu einem besonderen Vergnügen. Gebt auch acht auf Stollen und Höhlen. Dort werdet Ihr interessante Hinweise finden auf heimische Fledermäuse. Die halten darin ihren Winterschlaf.

Ihr folgt dem *WW 12* mit mäßiger Steigung bis zum Parkplatz, wo ein kleiner Abstecher zum **Rurseestübchen** angebracht ist. Dort könnt Ihr nämlich eine erste Rast einlegen und die herrliche Aussicht genießen. Nachdem Ihr Euch gestärkt habt, geht es auf dem *Rur-Ufer-Radwanderweg* weiter rund um den See. Der Radweg verläuft in Schlingen und Kehren, bis Ihr in einer Kurve das Schild *WW 6* seht. Dem folgt Ihr links bis zu einer grünen Barriere, an der Ihr als Radfahrer vorbeifahren könnt. Über leichte Höhen und sanfte Abfahrten folgt Ihr dem Seeuferweg, von wo aus Ihr immer Ausblick auf den See und die Berge habt. Ihr gelangt an eine zweite *grün-weiße Barriere*, hinter der es geradeaus weiter geht, vorbei am *Clubhaus* der *Wasser-Sportfreunde Aachen*. Zur linken erreicht Ihr dann das *Jugendferienheim des Eifelvereins*, umrundet die Ausbuchtung und radelt leicht bergan weiter längs des Sees. Es kommt eine Weggabelung, wo Ihr Euch links haltet (*schwarz-weißes Dreieck*) *Willibrordusweg*, der Euch in den kleinen Ort *Woffelsbach* führt. Ihr erreicht die Straße „Im Zemmer" und seid auf dem *WW 12/2*. Nach einigen Kehren mit Steigung kommt Ihr zum „Kirschberg", wo es bergab geht. Geradezu fahrt Ihr über die „Wendeplatte" und über die „Wendelinusstraße" nach **Woffelbach**. Zahlreiche Cafés und Gaststätten, aber auch Imbißstuben laden zur Rast ein. Von Woffelsbach aus verkehren Fähren nach Rurberg und Schwammenauel sowie zur anderen Seite des Sees. Danach fahrt Ihr weiter bergan bis zur Kurve, folgt dann links dem Schild *Rur-Ufer-Radwanderweg* bis zur Einmündung in die Hauptstraße, wo der Hinweis auf Rurberg aufmerksam macht. Ein kleines Stück fahrt Ihr auf dem Radweg längs der Straße, dann erreicht Ihr die Abzweigung des Weges, der Euch halblinks bergab nach Rurberg geleitet. Bis zum Ortsschild Rurberg radelt Ihr und biegt dann links ein in die „Wiesenstraße" *Rur-Ufer-Radweg.*

Blick auf den Rurstausee

Nach 150 Metern geht es rechts am Camping-Stellplatz vorbei bis zur nächsten Einmündung „Hövel", biegt dann sofort links ein und fahrt hinab zum See.

Ihr durchradelt das „Fuchsloch" mit Segelbootliegeplatz bis zur Straße „Seeufer", biegt dann links ab zum Deich, auf dem es weitergeht. Malerisch ist die Landschaft, und die schönen alten Häuser lohnen eine Betrachtung. Dann heißt es wieder links einbiegen auf die „Schiffahrt Obersee" und am Ende des Deiches, wo sich auch das Freibad befindet, fahrt Ihr nochmals links bis zur Imbißstube/Café „Zum Damm". Auch dort bietet sich eine Rast an oder die Nutzung eines der Fährschiffe. Geradeaus weiter geht es über die Staumauer des Obersees und den *Rur-Ufer-Radweg*, und damit zurück nach Heimbach-Hasenfeld zum Kraftwerk, denn Ihr habt den südwestlichsten Punkt des großen Rurstausees erreicht. Nach 350 Metern folgt Ihr dem Hinweis links in den Radweg nach *Schwammenauel* (Holzschild). Jetzt heißt es tüchtig in die Pedale treten, denn einige Steigungen liegen vor Euch, die Ihr aber bald überwunden habt. Schuld daran ist der *Kermeter,* ein Berg. Danach fahrt Ihr durch eine unberührte Waldlandschaft, die das Radfahren zu einem ganz besonderen Vergnügen macht. An einer Weggabelung heißt es für Euch links, denn Ihr folgt dem *HWW 12* (Hauptwanderweg) und gelangt bald zu einer Sitzbank, von wo aus Ihr eine herrliche Aussicht auf den Rursee habt, der tief unten im Talkessel wie ein Diamant funkelt und blinkt. Während Eurer Rundfahrt um den See kommt Ihr immer wieder an plätschernden Bächlein und idyllischen Quellen vorbei, deren Wasser in den Rursee fließt. Kostet von diesem Wasser, etwas Besseres findet Ihr nirgendwo. Versprochen.

Erneut teilt sich der Weg und Ihr nehmt fast schon selbstverständlich die halblinke Abzweigung, wo der Wegweiser *Schwammenauel* die Richtung anzeigt. Auch die Strampelei hat jetzt ein Ende, denn es geht sanft aber stetig talwärts, zur Staumauer zurück. Linkerhand seht Ihr die Schutzhütte *Ramsau,* wo Ihr nochmals eine Pause machen könnt. Dort geht auch ein Fußweg ab zum Fährsteiger nach Woffelsbach. Noch einige Kehren und eine allerletzte mäßige Steigung, und Ihr fahrt in eine scharfe Linkskkurve ein, auf die nach ca. 80 Metern eine weitere Gabelung folgt. Auch hier nehmt Ihr die linke Abzweigung. Schon kommt die Schutzhütte *Eschauel* in Sicht, hinter der Ihr erneut an der nächsten Gabelung halblinks bleibt bis zum Parkplatz. Ihr überquert die Hauptstraße und seht auf der anderen Straßenseite den Kiosk. Dort biegt Ihr rechts in den *Rur-Ufer-Radweg ein,* der Euch bis zum **Wasserwerk** und **Museum** zurückführt.

i

Wie kommt man nach Heimbach-Hasenfeld?
Die beste Verbindung ist die Eisenbahn von Düren bis Heimbach. Düren erreicht man von Aachen, Köln und anderen großen Städten ohne Schwierigkeiten. Die Rurtalbahn befördert Fahrräder.
Autobahnabfahrten in Aachen-Lichtenbusch, Düren und Euskirchen-Wißkirchen. Dann über die Bundes- und Landstraßen in Richtung Monschau – Heimbach-Rurstausee oder über Nideggen – Heimbach.

Weglänge:	Radfahrstrecke 28 km	
Schiffslinie Öffnungszeiten:	täglich	
	19. April bis 19. Oktober	ca. stündlich

Fahrpreis:	Erwachsene (bis Kermeterufer)	DM 5,50
	Kinder (bis 13 J.)	halber Preis
	Fahrräder	DM 2,00
	Hunde	DM 2,00

Auskünfte: Rurseeschiffahrt Schwammenauel, Telefon 0 24 46/4 79
Rurtalbahn Dürener Kreisbahn, Telefon 0 24 21/39 01 40
Verkehrsamt Heimbach, Telefon 0 24 46/8 08 18
Fahrradverleih: Hotel Haus Eifelkrone Rurberg, Telefon 0 24 73/26 41

Tip:
Glasbläserei in Heimbach, Hengebachstraße 45 a, Telefon 0 24 46/34 87

Öffnungszeiten:	März bis Dezember	
	täglich	10.00 – 18.00Uhr
	montags geschlossen	
	Januar und Februar	
	samstags und sonntags	10.00 – 18.00 Uhr
Eintritt:	frei	

Einkehrmöglickeiten: Seehof, Rurseestübchen, Café „Zum Damm" (täglich geöffnet)

Kartenempfehlung:
1 : 50 000 Karte des Landesvermessungsamtes, Rad-Wanderkarte Deutsch-Belgischer Naturpark, Rureifel

Auf dem Rurtal-Radwanderweg bis Rurberg und mit dem Schiff zurück nach Einruhr

Kinder lieben Wasser. Daran hat sich gottlob nichts geändert. Aus diesem Grund bin ich mit meinem Freund Hans Joachim auch in der Eifel immer den Bächen und Flüssen gefolgt, und wir kamen zielsicher zu einem Teich oder See. Einige dieser Seen werdet Ihr auf Euren Radwanderungen kennenlernen. Sie zählen zu den schönsten im ganzen Eifelland.

Unsere heutige Tour beginnt in Dedenborn, einer kleinen Ortschaft im wunderschönen Rurtal, wo die Welt noch in Ordnung ist. Schon früh am Morgen kräht der Hahn, dann blöken die Schafe und die Kühe machen durch ihr lautes „Muh" auf sich aufmerksam. Wenn Ihr nach einem ausgiebigen Frühstück auf die Räder steigt, liegt das tiefgeschnittene, verwunschene Rurtal wie ein großer Zaubergarten vor Euch. Damit Ihr mit Euren Eltern auch gleich auf den richtigen Weg findet, habe ich diese Radroute ganz genau beschrieben.

Ihr startet am **Campingplatz** in **Seifenauel**, einem Ortsteil von Dedenborn. Ihr folgt der Beschilderung *Rurtal-Radwanderweg*, und schon radelt Ihr hinunter ins Rurtal, das sich in Schleifen und Windungen durch die Berge zieht. Der Weg führt immer dicht am Ufer der Rur entlang oder in Sichtweite zum Wasser. Weit öffnet sich das bewaldete Tal und schenkt Euch wunderschöne Eindrücke von der herrlichen Eifelwelt. In den Hangwiesen blühen Narzissen und Wiesenprimeln, Wiesenschaumkraut und der Leuchtende Fingerhut. Einige leichte Steigungen werden mühelos überwunden, dann ist auch schon **Einruhr** erreicht. Am Hallenbad quert Ihr die Straße und fahrt vor der Brücke(!) in den Fuß- und Radwanderweg nach Rurberg ein. Der Radweg ist jetzt etwas uneben, aber dennoch gut zu fahren. Wildromantisch und stark zerklüftet ist der Uferhang, in dem Ihr in Richtung Rurberg radelt. Die Aussicht auf den Rursee ist einfach phantastisch. Tiefblau glitzert das Wasser, und hoch in den Lüften kreisen die Bussarde. Rauf und runter geht die Radtour und beschert Euch immer neue, wunderbare Eindrücke. Dann kommt die *Schutzhütte Rösberg* in Sicht. Zeit für eine erste Verschnaufpause, die Ihr Euch redlich verdient habt. Und die lieben Eltern selbstverständlich auch.

Nach einem letztmaligen Anstieg gelangt Ihr wieder auf den Höhenrücken des Rurtals, und die Abfahrt nach Rurberg beginnt. Diese führt über den *WW 20*. Jetzt ist der Weg auch wieder asphaltiert und das Fahrrad läuft fast von allein. An der *(roten) Sitzbank*

Kanuten auf der Rur

bleibt Ihr auf dem Asphaltweg, der zur Hauptstraße führt, und an der Einmündung biegt Ihr dann rechts ein nach **Rurberg**. Am Deich angekommen fahrt Ihr links über den Damm in den Ort, wo es ein Freibad und reichlich Erfrischungen gibt.

Danach bieten sich zwei Möglichkeiten an: Ihr fahrt den gleichen Weg zurück mit dem Rad, oder Ihr nehmt ab Rurberg das Schiff zurück nach Einruhr. Ich bin mit dem Schiff gefahren und kann Euch sagen, es ist wunderschön. Fast geräuschlos gleitet die St. Nikolaus, ein Elektroboot, über das kristallklare Wasser. Jetzt habt Ihr Gelegenheit, vom Schiff aus den Weg zu sehen, den Ihr mit dem Rad gefahren seid. Nach einer halben Stunde kommt **Einruhr** in Sicht, und dann steigt Ihr wieder auf Eure Räder und radelt das letzte Stück durch das Rurtal zurück nach Dedenborn. Oder Ihr besucht das Freibad in Einruhr, wo Ihr Euch von den „Anstrengungen" der Radtour erholen könnt.

Und dann gibt es noch ein Abenteuer für Euch zu erleben, von dem Ihr noch lange erzählen werdet, und um das Euch Eure Schulfreunde beneiden. Eine Fahrt mit der Postkutsche. Hoch auf dem gelben Wagen ... heißt es in Einruhr, wenn der Postillon ins Horn stößt und die Abfahrt der „Diligence" ankündet. Diese Postkutsche fährt im Linienverkehr in den Sommermonaten immer donnerstags, samstags und sonntags. Ein wahrhaft PS-starkes Erlebnis.

i

Wie kommt man nach Dedenborn?
Bahnstation Aachen, Busverbindungen mit Aachen, Düren, Gemünd, Monschau und Schleiden.
Autobahnabfahrten in Aachen-Lichtenbusch, Düren und Euskirchen-Wißkirchen. Dann über die Bundes- und Landstraßen in Richtung Monschau und/oder Heimbach-Schmidt.

Weglänge:	Radfahrstrecke 11,2 km Schiffahrt ca. 1/2 Stunde	
Schiffslinie Fahrzeiten:	täglich 19. April bis 19. Oktober 9.45, 10.00, 11.00, 12.15, 13,30, 14,30, 15,30, 16,30 und 17,20 Uhr (Dauer: 1/2 Stunde)	
Fahrpreise:	Erwachsene	DM 6,50
	Kinder (bis 13 J.)	halber Preis
	Fahrräder	DM 2,00
	Hunde	DM 2,00
Auskünfte:	Rurseeschiffahrt Schwammenauel, Telefon 0 24 46/4 79 Postkutsche Diligence, Telefon 0 24 44/26 32 Verkehrsbüro Einruhr, Telefon 0 24 85/3 17, Telefax /3 19	
Einkehrmöglichkeiten:	Eifeler Hof, Rurberg (Telefon 0 24 73/32 12) Café und Kiosk an der Staumauer direkt am Radweg	

Tip:
Postkutsche: Sie verkehrt in den Sommermonaten, donnerstags, samstags und sonntags in Linie zwischen Einruhr und Erkensruhr, Infos unter siehe oben.

Kartenempfehlung:
1 : 50 000 Karte des Landesvermessungsamtes, Rad-Wanderkarte Deutsch-Belgischer Naturpark, Rureifel

Von Waldgeistern, Moorelfen und einem verwunschenen See im Hohen Venn

Die Überschrift ist richtig unheimlich – findet Ihr nicht? Die stammen aber nicht von mir, sondern von der Annette von Droste-Hülshoff aus dem Münsterland. Sie schrieb die traurig-schaurige Ballade vom Knaben im Moor. Aber Ihr braucht keine Angst zu haben, ich will Euch nicht ins Moor führen, wo Ihr versinkt, aber an seinem Rande entlang über feste Radwege. Ja, Ihr habt richtig gehört, wir besuchen heute ein richtiges Moor. Eure Eltern könnt Ihr vorab beruhigen, es ist eine völlig ungefährliche und harmlose Radtour. Schließlich bin ich, Weißnicht, Euer Pfadfinder. Obwohl – früher, als es noch keine Radwege und Straßen durch das Moor gab, da war es wirklich gefährlich, und mancher Wanderer ist für immer in seinen unergründlichen Tiefen versunken. Im Moor – so erzählten die Alten, hatten die letzten Gespenster überlebt, Moorhexen oder die armen Seelen der Moorleichen. In das Moor ging man nie, und so ist es verständlich, daß diese Landschaften zu den von Menschen am längsten gemiedenen Lebensräumen gehörten. Wohl stachen unsere Vorfahren schon immer am Rande Torf, doch ins Innere trauten sich nur die ganz Mutigen. Erst im 19. Jahrhundert begann man, diese scheinbar unfreundlichen und gefährlichen Landschaften zu erschließen und wissenschaftlich zu erforschen.

Doch auch heute hat das Moor noch seine Tücken und Ihr solltet tunlichst auf den Wegen bleiben. Schon allein deshalb, weil das ganze Moor unter Naturschutz steht und sein betreten außerhalb der Wege verboten ist. Außerdem bekommt Ihr schrecklich braune Füße, wenn Ihr es trotzdem probiert und in das Moorwasser tretet.

Jetzt wollt Ihr natürlich wissen, wo sich dieses Moor befindet. Kann ich verstehen. Deshalb habe ich mich auf den Weg gemacht und bin für Euch die Radtour schon gefahren. Das Moor, das wir besuchen, ist ein *Hochmoor* und liegt im *Hohen Venn.* Das ist ein Teil der Nordeifel, der zu zwei Ländern gehört, nämlich Deutschland und Belgien. Mit dem Fahrrad macht das Entdecken des Hochmoors ganz viel Spaß, weil die Wege super zu fahren sind und kein einziges Auto stört. Und wenn Ihr Lust auf eine Bahnfahrt durch das Hohe Venn habt – kein Problem. Am Start und Ziel unserer Radtour liegt ein Bahnhof. Dort könnt Ihr abfahren und Eure Räder mitnehmen. Und schon geht die Bahn ab. Aber davon berichte ich Euch später. Bevor Ihr Euch auf die Sättel setzt und losradelt, will ich Euch noch etwas über das Hochmoor und seine Entstehung erzählen.

Totholz im Hohen Venn

Hochmoore sind die Kinder der Eiszeit. Als vor 10 000 Jahren das Eis zurückging, bildeten sich in den Mulden und Senken zahlreiche Seen, Teiche und Tümpel. Durch die rasche Klimaerwärmung begann ein enormes Pflanzenwachstum.

Wasser und Wind sorgten dafür, daß sich die Wasserflächen mit Pflanzenresten füllten. Doch im Wasser zersetzt sich das tote Pflanzenmaterial nur schlecht. Wo keine Luft hinzukommt, ist der Abbau durch Kleinlebewesen gehemmt oder sogar unterbrochen. So entsteht die Grundlage, aus dem die Moore sind – nämlich Torf. Unter günstigen Bedingungen beginnt das Moor über den Grundwasserspiegel hinauszuwachsen. Mildes Klima und niederschlagsreiche Jahreszeiten sorgen für die Ausbildung von Torfmoosen. Sie breiten sich aus, verwachsen zu einem dichten Teppich und wölben sich wie ein Uhrglas über die Umgebung auf. Dieser ungewöhnlichen Form verdanken die Hochmoore ihren Namen. Aber die Moore sind nicht nur mächtige Torflager, sondern auch noch riesige Wasserspeicher. Bis zum Zehnfachen seines Umfangs kann das Torfmoor Wasser aufnehmen. Stellt Euch das vor. Ein Hochmoor wirkt also wie ein großer Schwamm. Und ganz behutsam gibt das Moor sein Wasser ab. So ist das ganze Jahr über ausreichend köstliches Nass für Pflanzen und Tiere vorhanden. Nun könnt Ihr selbst beurteilen, wie wichtig das Moor für die Natur – und damit auch für uns Menschen ist. Übrigens – ein Hochmoor wächst im Jahr zwischen 1 und 2 Millimeter. Wie schnell jedoch ist diese phantastische und wildromantische Landschaft zerstört und unwiederbringlich verloren. Darum achtet das Moor und folgt unbedingt den Hinweisen, die Ihr auf den Schautafeln am Wegesrand lesen könnt.

Unsere Radtour beginnt in Roetgen. Das liegt in Deutschland, direkt an der Grenze zu Belgien. Eure Eltern parken das Auto am besten auf dem Parkplatz am Bahnhof. Jetzt überquert Ihr die Straße und seht auf der anderen Seite schon ein großes gelbes Hinweisschild *Raeren/Belgien – Zoll-Douane*. Dem Hinweis folgt Ihr und seid schon nach wenigen Metern in Belgien. Aber das Zollamt und seine Zollbeamten gibt es schon lange nicht mehr. Ihr könnt über die Grenzen fahren wann und wo Ihr wollt. Das macht das Radfahren zu einem erstklassigen Vergnügen. Ihr folgt dem Straßenverlauf bergan, bis Ihr nach 1 500 Metern zu einer Abzweigung gelangt. Dort steht ein *Feuerwachturm*.

An diesem Turm biegt Ihr links ein. Schon fahrt Ihr auf einer so ruhigen Nebenstraße, daß Ihr auf dem Sattel schlafen könnt, was Ihr aber trotzdem nicht tut. Dazu ist die Landschaft viel zu schön und urwüchsig. Dichte Wälder säumen zunächst das Sträßchen, die aber bald auflockern und dem typischen Hochmoor Platz machen. Wollgrasbuckel bedecken scheinbar endlos den hügeligen Rücken des Venn, aus dem sich Birken, Erlen und Weiden, aber auch Eichen und Eschen erheben.

Für die Naschkatzen unter Euch habe ich eine ganz besondere Überraschung: Die Randstreifen des Waldes sind gesäumt von Blaubeersträuchern, und ich kann Euch sagen: etwas Köstlicheres findet Ihr in der ganzen Eifel nicht. Nur abwaschen solltet Ihr die Früchte. Klares, sauberes Wasser fließt überall. Weit könnt Ihr ins Land schauen, hinein in die belgischen Ardennen und die deutsche Rureifel, die wir ja schon kennengelernt haben. Doch die Landschaft des Hohen Venn ist eine andere als die der übrigen Eifel. Das Klima hier oben ist kräftiger und wechselhafter und verlangt von Tieren und Pflanzen, aber auch von den Menschen ein hohes Maß an Anpassung. Das ist auch mit der Grund, warum dieser Teil der Eifel noch weniger bewohnt ist als die übrigen Bereiche. Für Wanderer und Radfahrer ist das Hohe Venn im wahrsten Sinne des Wortes ein Paradies.

Auf Eurer Fahrt erreicht Ihr den **Rastplatz Vennbusch**, wo Ihr eine erste Verschnaufpause einlegen könnt. Überall zweigen Wege in den Wald ab, und es liegt ganz an Euch, ob Ihr den einen oder anderen kleinen Abstecher unternehmt, denn das Angebot an Blaubeeren ist unerschöpflich.

Ihr folgt dem Hinweisschild für Radfahrer, einem *sechseckigen weißen Schild mit grünem Fahrrad* und gelangt zum **Parkplatz Vennkreuz**. Dort stehen einige Hinweisschilder und eine Schutzhütte. Ihr nehmt den Weg zur Linken, wo es nach *Bellesfort* und zur *Kupfermühle* geht. Diesem Weg folgt Ihr und entdeckt erneut das *sechseckige Schild mit dem Radfahrer*. Durch einen herrlichen Mischwald führt der Weg hinab ins Tal der Weser, einem idyllischen Bach, der eine große Talsperre füllt. Dann steht Ihr auf dem **Rastplatz Bellesfort Brücke**. Hier könnt Ihr nach Herzenslust toben, eine Rast einlegen, im glasklaren Wasser des Baches plantschen und den Libellen bei ihren Flug-Kunststücken zusehen.

Wenn Ihr Euch erfrischt und gestärkt habt (bitte die Eltern nicht vergessen), kann die Radtour durch das Hohe Venn weitergehen. Ihr folgt dem Wegweiser *Rund um den See / Rundweg mit gebogenem Pfeil* bergan und kommt an einer Schutzhütte mit Rastplatz vorbei. Dann seht Ihr das Hinweisschild *Klapperbach* und radelt weiter bis auf die Anhöhe, von wo aus Ihr einen ersten wunderschönen Blick auf die Wesertalsperre habt. Ihr solltet Euch nach diesem Anstieg eine kleine Verschnaufpause gönnen, um die herrliche Aussicht zu genießen. Mächtige Eichen und Buchen recken ihre Stämme in den Himmel, überall plätschert und gluckert es, und hoch in den Lüften kreisen Bussard und Milan. Die Luft ist erfüllt vom Gezwitscher der Vögel, und an sonnigen Plätzchen findet Ihr mit etwas Glück die schmackhaften Walderdbeeren.

Danach durchfahrt Ihr den *Mückenwinkel* und folgt dem Verlauf des Weges immer längs zum Seeufer bis zur nächsten Abzweigung. Da heißt es für Euch links und bergan über einige Kehren bis auf die Höhe, von wo aus Ihr die gewaltige *Staumauer* sehen könnt.

Wer sich dafür interessiert, kann den Weg abwärts radeln und den Staudamm überqueren, wo Euch auf der anderen Seite ein Restaurant erwartet. Oder Ihr radelt dem Wegweiser *Ternell* folgend bis zum *Naturzentrum*, das eine sehenswerte Ausstellung und Informationen über das Hohe Venn anbietet. Ansonsten geht es an der Einmündung links weiter bergan bis zur nächsten Wegkreuzung.

Dort steht ein *weißer Stein* mit den Zahlen *136/137*. Das sind Gemarkungskennzeichen, die Euch die Orientierung im Gelände zusätzlich erleichtern. An diesem Stein biegt Ihr links ab und folgt dem asphaltierten Weg bis zur nächsten Einmündung, wo es wieder links geht. Schließlich erreicht Ihr eine **Schutzhütte** mit Rastplatz, wo es sich lohnt haltzumachen. Gleich gegenüber steht ein Stein mit der Nummer *168/151.*

Dort folgt Ihr dem Weg rechts bis zu einer weiteren Einmündung, wo Ihr erneut auf das Schild *Klapperbach* stoßt. Hier radelt Ihr wieder rechts und fahrt ein Stück auf dem gleichen Weg zurück bis zur *Bellesfort Brücke.* Ihr seht mehrere Hinweisschilder aus Holz. Darauf steht *Reinartzhof* und *Raerener Stuhl.* Das ist Eure Richtung. Jetzt müßt Ihr tüchtig in die Pedale treten, denn es geht bergan, hinauf ins Hochmoor. In dieser verwunschenen Hochmoorlandschaft, die Euch immer neue Eindrücke beschert, radelt Ihr durch eine menschenleere, unberührte Wildnis. Dann plötzlich hört Ihr ein dumpfes Röhren oder Brüllen. Ihr bleibt wie erstarrt stehen und lauscht dieser unheimlichen Stimme, die aus dem Moor zu kommen scheint. Und in der Tat, was Ihr gehört habt, kommt aus dem Moor und ist der Ruf eines Tieres, des Moorfrosches. Von den Einheimischen wird er auch Moorochse genannt, weil er so dumpf ruft. Zur linken seht Ihr am Wegesrand ein *Kreuz* stehen, das einem Bernhard Heinen gewidmet ist. Er verschwand im Jahre 1947 an dieser Stelle im Moor und ward niemehr gesehen. Lediglich sein Rucksack und Arbeitsgerät wurde gefunden. Nach diesem Erlebnis folgt Ihr dem Radweg über eine kleine Brücke bergan, wo nach 50 Metern linkerhand ein Weg zur Schutzhütte *Waldmannsruh* abzweigt. Dort befindet sich ein toller Rastplatz mit **Info-Stand** über die Tier- und Pflanzenwelt sowie Zugang zum Randbereich des Moores. Aber nicht weiter!

Nach einer Rast fahrt Ihr auf den Hauptweg zurück, dem Ihr weiter bergan folgt. Endlich habt Ihr den Höhenrücken erreicht und könnt ein wenig verschnaufen. Jetzt geht es zunächst bergab, was die Kräfte schont und für etwas Abkühlung sorgt. Ihr quert eine weitere Brücke, hinter der es nochmals bergan geht. Dann radelt Ihr durch einen verwunschenen Wald, in dem Kobolde und Moorelfen zu Hause sind. Eichen, Buchen und Birken, von Wind und Wetter zurechtgebogen und zerzaust, ducken sich in die moorigen Wiesen des Hohen Venn und verbreiten eine geheimnisvolle Stimmung. Ihr kommt zu einer Abzweigung, wo Ihr Euch rechts haltet und weiter bergauf fahrt bis zu einer Gabelung, wo Ihr den linken Weg nehmt.

Eine *rot-weiße Sperre* wird umfahren, das ist die Markierung für die Grenze. Der Weg führt bis zu einem kleinen *Parkplatz*, wo es gleich links in den Ort Roetgen geht. Ihr folgt immer dem Radweg über eine Nebenstraße bis auf die „Schwerzfelderstraße", die geradewegs zur Hauptstraße führt. An der Ampel heißt es für Euch die Hauptstraße queren und auf der anderen Seite gleich links auf dem Radweg talwärts fahren.

Dieser Radweg geleitet Euch direkt zum Bahnhof, wo Euer Auto steht und die Radtour durch das Hohe Venn endet.

Wie kommt man nach Roetgen?
Autobahnabfahrt A 44 Aachen-Brand, dann die B 258 bis Roetgen-Grenzübergang Raeren. Gegenüber befindet sich der Bahnhof der Vennbahn.
Außerdem mit dem Bus von Aachen, Stolberg und Monschau nach Roetgen.

Weglänge: 28 km

Naturzentrum Haus Ternell, Belgien
(an der Strecke im Hohen Venn)

Öffnungszeiten:	März bis November	
	dienstags bis freitags	10.00 – 12.00 Uhr
	und	14.00 – 17.00 Uhr
	samstags, sonn- und feiertags	14.00 – 18.00 Uhr
	Dezember bis Februar	
	samstags, sonn- und feiertags	14.30 – 16.30 Uhr
Eintritt:	Erwachsene	80 bfr (ca. DM 4,00)
	Kinder (bis 12 J.)	40 bfr (ca. DM 2,00)
Auskünfte:	Telefon 00 32/(0)87 55 23 13	
	Telefax 00 32/(0)87 55 81 60	

Naturparkzentrum Botrange, Belgien (im Hohen Venn)

Öffnungszeiten:	dienstags bis sonntags	10.00 – 18.00 Uhr
	montags	13.00 – 18.00 Uhr
	12. bis 26. November geschlossen	
Führungen:	Führungen werden ganzjährig im Hohen Venn (Hochmoor) durchgeführt.	
Auskünfte:	Telefon 00 32/(0)80 44 57 81	
	Telefax 00 32/(0)80 44 44 29	

Vennbahn

Fahrzeiten:	April bis Oktober
	sonn- und feiertags

Auskünfte: Telefon 00 32/(0)87 85 82 85
Telefon 0 24 73/6 80 80 an Betriebstagen 10.00 – 12.00Uhr

i

Einkehrmöglichkeiten: Rucksackverpflegung notwendig, ansonsten die örtliche Gastronomie in Roetgen

Tip:
Eine Radtour lohnt sich besonders zur Zeit der Wollgrasblüte im Juni oder Anfang August wegen der Blaubeeren.

Kartenempfehlung:
1 : 50 000 Rad-Wanderkarte des Deutsch-Belgischen Naturparks, Landesvermessungsamt Nordrhein-Westfalen

Im Hürtgenwald der Nordeifel

Endlich sind sie da – die großen Ferien. Jetzt könnt Ihr nach Herzenslust mit Euren Eltern kreuz und quer durch die schöne Eifel radeln. Damit das auch ohne Ärger abläuft, bin ich auch diese Tour wie immer für Euch vorgefahren. Was ich da erlebt habe – das will ich Euch nun berichten. Bevor wir uns auf die Räder schwingen, noch ein paar Sätze zum Hürtgenwald. Damit ist ein waldreicher, gebirgiger Teil der Eifel gemeint, der im Nordwesten zwischen Aachen, Düren und Monschau den äußersten nordwestlichen Rand der Eifel markiert, also die Nordeifel. Der Hürtgenwald ist ein uriges Mittelgebirge mit tiefen Schluchten, zahlreichen Flüssen und vielen Höhlen und Stollen. Jawohl – Höhlen und Stollen. Die einen sind natürlichen Ursprungs, die anderen sind Menschenwerk, als hier noch Schiefer und Erz abgebaut wurde. Die Berge der Eifel waren einmal reich an Blei und Eisen. Aber das ist längst vorbei. In den Höhlen und Stollen wohnen jetzt Tiere, nämlich Fledermäuse und Amphibien, und in den klaren Eifelbächen haben die Biber ihre Burgen gebaut. Ja – Ihr habt richtig gelesen, Biber. Wir brauchen also nicht unbedingt nach Kanada fliegen, um wildlebende Biber zu sehen. Dazu genügt ein Fahrradausflug in die Eifel. Na, wie gefällt Euch das? Und durch einen Teil dieses Waldes fahren wir heute mit den Rädern. Aber das ist noch nicht alles. In den Eichen- und Buchenwäldern trefft Ihr vielleicht in den späten Nachmittags- oder frühen Abendstunden auf einen Dachs. Und die Wiesel huschen bei jeder Gelegenheit über den Boden und durch das Gesträuch. Nun haltet die Augen und Ohren offen, damit Euch nichts entgeht. Also Freunde, auf die Sättel und dann geht die Fahrt los.

Wir starten am **Brandenburger Tor**. Das liegt am Ortsausgang von Hürtgen direkt am Wald. Über einen asphaltierten Weg kommt man da ganz bequem und einfach hin. Tische und Bänke stehen am Zugang in den Wald, falls Ihr jetzt schon müde seid, was ich mir aber überhaupt nicht vorstellen kann. Das Brandenburger Tor hat seinen Namen nach der ostdeutschen Stadt Brandenburg erhalten, und ist ein sehr beeindruckendes Gebilde. Wenn es mal regnet, finden die Fußgänger und Radfahrer darunter Schutz, so groß ist es. Wir fahren nun geradezu den Hauptweg entlang, der uns zunächst talwärts führt. Ihr richtet Euch nach dem *schwarzen Winkel auf weißem Grund*. Das ist auch eine Markierung des Wanderweges. Über Kehren und Schleifen gelangen wir zur ersten **Schutzhütte Königlicher Forst**, die die Gestalt eines Pilzes hat, wie die meisten Hütten in der Eifel.

Gebt wie immer acht auf Wanderer, und vor allem auf Tiere, die ja plötzlich und unverhofft aus dem Wald und Gebüsch über den Weg laufen können. Zu beobachten gibt es auf dieser Rad-Wandertour sehr viel. Mächtige Fichten und Tannen säumen den Radweg, in den Lüften kreisen die Bussarde, und aus dem Tal tönt das Plätschern des *Weißen Wehebaches* an unsere Ohren, der bald erreicht ist. Über eine kleine Steinbrücke wird der Bachlauf gequert. Ihr müßt wissen, daß es zwei Wehebachs gibt, nämlich den Weißen und den Roten. Beide münden in die Wehebachtalsperre, die zu einem großen See aufgestaut wurde und für Trinkwasser sorgt.

In beiden Wehebach-Tälern sind die Biber zu Hause, und mit etwas Glück lassen sich die fleißigen Tiere bei ihrer liebsten Beschäftigung, dem Dammbau, zuschauen. Dazu braucht Ihr den Wehebachs nur ein wenig flußabwärts zu folgen, und schon seht Ihr die mächtigen Biberburgen im Wasser stehen.

Die Fahrt hinab in das Wehebachtal ist kurvenreich und verleitet zum schnellen Fahren. Ihr seid jedoch kluge und besonnene Radfahrer und stets bremsbereit! Die Landschaft ist einfach zu schön um hindurchzusausen. Überall seht Ihr mächtige Schieferfelsen und Grauwacke. Die Grauwacke ist eine Art Sandstein, nur eben von grau-grüner Färbung. Nachdem Ihr den Bach überquert habt, fahrt Ihr hinter der Steinbrücke gleich links bergan. Dann kommt voraus die **Schutzhütte** in Sicht. Hier bietet sich eine erste Rast an, um die herrliche Eifelwelt so richtig zu genießen. Oder Ihr lauscht den Erzählungen des Weißen Wehebaches. Sein Plätschern ist nämlich nichts anderes als sprechen, und er hat Euch so viel zu erzählen.

Gleich an der Schutzhütte geht es ziemlich steil nach oben. Da ist es schon besser, die Räder ein kurzes Stück zu schieben. Dafür ist der Weg asphaltiert. Ihr befindet Euch jetzt auf dem *Wanderweg 10, schwarze zehn auf weißem Grund*, der Euch auf den Höhenkamm führt. Jetzt macht das radeln wieder viel Spaß, denn die Steigungen haben zunächst ein Ende. Ja, Ihr radelt sogar mit Gefälle erneut talwärts. Überall blühen Blumen, so die duftende Poleiminze, der Rotblütige Fingerhut, der Waldmeister und die Glockenblume. Wie Ihr sicher bereits bemerkt habt, hat sich der Baumbestand verändert. Säumten zu Beginn der Tour fast nur Fichten und Kiefern den Weg, so radelt Ihr jetzt durch alten *Eichen- und Buchenwald*. Dann ist zur Linken das **Pilgerdenkmal** erreicht. Es wurde von den Heimbacher Pilgern der Heiligen Maria gestiftet und steht unter alten Eichen und Buchen. Hier läßt sich trefflich rasten und eine gute Pause einlegen. Nach dieser Stärkung bleiben wir auf dem Hauptweg und gelangen über zahlreiche Windungen zu einer Rechtskurve, wo sich links an einer dicken Fichte ein Schild befindet: *„Radfahrer-Hinweis – grün auf weiß"* und ein *schwarzer Winkel*.

Wir folgen diesem Weg bergab zu einer weiteren Schutzhütte und treffen auf eine Kastanie, die sich genau mittig in einer scharfen

Linkskurve in den Himmel reckt. Direkt neben der Kastanie seht Ihr rechts im Wald die Hütte *Am Kartoffelbaum*. Diesmal ist es ein richtiges Häuschen mit einem Eingang. Dort sitzt Ihr geschützt gegen Wind und Regen und es ist warm.

In dieser Hütte habe ich einmal über eine Stunde gesessen und auf das Ende eines Gewitters gewartet, das genau über mir tobte. Das war ein Erlebnis, an das ich noch heute mit Schaudern zurückdenke. Sollte Euch einmal auf Euren Radtouren ein Gewitter überraschen, dann sucht sofort die nächste Schutzhütte auf. Dort wartet Ihr dann, bis das Unwetter abgezogen ist.

Für die ganz Hungrigen und Durstigen bietet sich auch hier wieder die Möglichkeit zu einer längeren Pause. Und zu entdecken und beobachten gibt es sehr viel. Ganz nah bei der Hütte bemerkt Ihr eine Lichtung. Auf dieser Lichtung stehen oft die Rehe, manchmal aber auch Hirsche und fressen seelenruhig die leckeren Gräser. Wenn Ihr etwas Geduld habt und leise seid, werdet Ihr bestimmt diese schönen Tiere sehen. Gegenüber der Hütte, ganz nahe bei einem *Holzkreuz*, liegt ein mächtiger *Bunker* im Wald. Davon werdet Ihr unterwegs einige sehen. Die gehören zu einer ehemaligen, riesigen Verteidigungsanlage, die sich Westwall nannte. Aber die Bunker solltet Ihr weder betreten noch darin herumklettern, mag es auch noch so abenteuerlich sein.

Danach heißt es jedoch wieder auf die Räder und dem Hauptweg folgen. Doch nur 100 Meter, dann biegt Ihr scharf rechts ab in den *Waldweg* nach *Mausbach*. Genau an der Einmündung liegt ein dicker Stein. Auf dem steht „Zweifall" und „Mausbach". Ihr folgt dem Hinweispfeil nach Mausbach und fahrt nun leicht bergab. Zu Eurer Linken kommt eine Einmündung in Sicht, an der Ihr vorbeiradelt. Es geht weiter geradeaus und nun wieder leicht bergan. Als Hinweis dient auch ein Schild mit einem Pfeil, das Euch die Richtung des Radwegs anzeigt. Jetzt entdeckt Ihr an den Wegrändern Walderdbeeren. Die sind so süß und lecker, daß Ihr einfach davon naschen müßt. Was würdet Ihr sonst versäumen! Nun stoßt Ihr auf einen weiteren Stein an der nächsten Einmündung. Dort folgt Ihr der Abzweigung halbrechts bergan. Der Weg schlängelt sich durch waldreiches Gebirge und durch die Klamm des Roten Wehebaches bis zu einem Verteiler, wo wir den mittleren der drei Wege befahren. Ihr befindet Euch nun in der **Klamm** des **Roten Wehebaches**. Tief unter Euch schäumt das Wasser brausend zu Tal, besonders nach einem Gewitter. Es tost und spritzt nur so um die Felsen und Ufer. Nun fragt Ihr Euch natürlich, woher der Rote Wehebach seinen Namen hat. Ganz einfach: Schaut Euch nur das Wasser an, dann wißt Ihr die

Antwort von selbst. Es ist rot-braun. Das liegt am Eisenanteil, den das Wasser aus dem Gestein herauswäscht.

Und wieder warten die Biber auf Euch, die sich auch in den Fluten des Roten Wehebaches wohl fühlen. Dann erreicht Ihr eine Wegkreuzung und die Brücke über den Roten Wehebach. Wir nehmen den Weg halbrechts bergan.

Dicht gesäumt sind die Wegränder und Hänge mit Besenheide, Ginster, Walderdbeeren und dem Roten Fingerhut. Eine weitere Kurve folgt, in der wir halblinks bleiben. Der Weg schlängelt sich zwischen schroffen Schieferfelsen bergan, aus der Tiefe tönt das Rauschen des Roten Wehebaches zu uns herauf. Dann erreichen wir die nächste Einmündung. Wir radeln linkerhand dem Hauptweg nach, und dann kommt auch schon die *Schutzhütte* in Sicht. Jetzt haben wir uns eine Rast redlich verdient. Wir genießen die Stille und phantastische Aussicht auf Wald und Berge. Nach einer ausreichenden Pause und Stärkung führt uns nun der Weg talwärts – welch eine Erquickung.

Vor uns liegen die dunklen Eifelwälder und tiefen Schluchten des Hürtgenwaldes. Die Aussicht ist in der Tat grandios, und Ihr solltet diesen Anblick genießen. Dann halten wir uns scharf rechts und nehmen den Abzweig in der kommenden Wegegabelung links hinunter ins Tal des Weißen Wehebaches. An der folgenden Wegkreuzung sehen wir den **Dr.-Schwenke-Stein** mit zahlreichen Hinweisen.

Fledermaus im Winterschlaf im Wehebachtal

Einer davon heißt *Hürtgen*. Diesem Wegweiser folgen wir, überqueren den Weißen Wehebach und fahren bergan zunächst auf Hürtgen zu. Zahlreiche Schieferaufschlüsse begleiten uns während der letzten Etappe unserer Tour. Dunkle Höhlen und Grotten öffnen ihre finsteren Mäuler, und wer Lust hat auf ein Abenteuer, der geht gleich hinter der Brücke ein Stück auf dem Waldweg bachaufwärts. Auf der linken Seite im schroffen Felsen finden sich dann einige von den Höhlen und Stollen. Aber niemals alleine betreten – daran müßt Ihr immer denken! Und eine Taschenlampe sollte immer in Eurem Radfahrergepäck sein.

Wir nehmen hinter der Brücke den mittigen Weg, der uns über zahlreiche Schleifen und Kehren auf den Bergrücken hinaufführt. Noch einmal beschert uns der Hürtgenwald, schenkt uns die Nordeifel eine herrliche Aussicht auf ihre Bergwelt, die Klamm des Hürtgenbaches, der seine Wasser schäumend in den Wehebach ergießt und die himmelhoch ragenden Bäume. Dann ist das **Brandenburger Tor** erreicht, und Ihr seid wieder am Startpunkt Eurer Tour angelangt. Ich muß Euch und Euren Eltern ein ganz dickes Lob aussprechen. Ihr habt diese Radwanderung ganz toll durchgeführt. Zur Belohnung fahren wir jetzt alle in den nahen Ort Vossenack, wo schon das Freibad auf uns wartet. Viel Vergnügen – und – bis zum nächsten Mal.

i

Wie komme ich in den Hürtgenwald und zum Brandenburger Tor?
Die A 4 Köln-Aachen, Abfahrt Düren. Dann mit dem PKW von Düren über die B 399 bis Hürtgen. Hinter dem Ortsausgang noch vor dem Ehrenfriedhof nach 300 Metern rechts in einen asphaltierten Wirtschaftsweg einbiegen. Zufahrt bis Parkplatz „Brandenburger Tor" frei.

Weglänge:	22 km	

Freibad Vossenack (beheizt)

Öffnungszeiten:	Mai bis September	
	täglich	ab 9.00 Uhr
Auskünfte:	Freibad, Telefon 0 24 29/35 65	
	Verkehrsverein Vossenack, Telefon 0 24 29/24 40	

Friedensmuseum

Öffnungszeiten:	sonntags	11.00 – 17.00 Uhr
	(Besichtigung von Gruppen bei Voranmeldung auch an anderen Tagen möglich)	

Auskünfte:	Verkehrsverein Vossenack, Telefon 0 24 29/27 54
Einkehrmöglichkeiten:	Rucksackverpflegung Zum Alten Forsthaus, Vossenack (Telefon 0 24 29/78 22) Hotel-Restaurant „Zur Post", Vossenack (Telefon 0 24 29/34 43 und /35 36)

Tips:

Friedensmuseum in Vossenack, Zum Alten Forsthaus, Info bei: Museumsverein „Dokumentation 2. Weltkrieg Hürtgenwald e. V.", Uwe Crull, Vorsitzender, Ferdinandstraße 10, 40599 Düsseldorf (Telefon 02 11/74 16 78),
Burgberg in Bergstein, Aussichtsturm,
Wildpark Schmidt (ganzjährig geöffnet, außer Weihnachten und Neujahr),
Kalltalsperre im Kalltal

Kartenempfehlung:

1 : 50 000 Landesvermessungsamt Nordrhein-Westfalen, Wanderkarte Deutsch-Belgischer Naturpark, Rureifel

6 Von Bergleuten, der Wasserkraft und alten Schmiedehämmern

Die Kalltalsperre im Hürtgenwald der Nordeifel

Hallo Kinder, da bin ich wieder, Euer Weißnicht. Gut gelaunt und voller Tatendrang seid Ihr bereit zu neuen Rad-Wanderabenteuern. Und die lieben Eltern grüße ich natürlich auch ganz herzlich.

Die heutige Radtour führt uns zur Kalltalsperre im Hürtgenwald. Den Hürtgenwald kennt Ihr ja bereits von anderen Rad-Ausflügen. Dann wißt Ihr auch mit den Steigungen und Abfahrten gut umzugehn und laßt bei aller Freude am Radfahren immer die nötige Vorsicht walten. Ja – dann steht unserem Ausflug nichts mehr im Wege.

Der Start dieser Tour ist der **Parkplatz Kallbrücke** im Kalltal. Die Kall ist ein kleines Eifelflüßchen, das in eine Talsperre mündet. Wenn Ihr nachher auf der Staumauer steht, könnt Ihr Euch kaum vorstellen, daß so ein Bach solch einen großen Teich bilden kann. Und doch ist es fast so. Natürlich stammt das viele Wasser nicht allein von der Kall, da sind noch ein paar andere Bächlein – und der viele Regen, der direkt in den Stausee fällt. Leider ist das Schwimmen in der Talsperre nicht erlaubt, aber das holen wir später im Freibad von Vossenack ausgiebig nach.

Aber zuerst setzen wir uns auf die Räder und radeln los. Das Kalltal liegt in einer wild-romantischen Schlucht. Überall recken mächtige Felsen ihre zerfurchten Rücken in den Himmel. Zuweilen ist es richtig eng und dunkel im Tal der Klamm, trotz herrlichen Sonnenscheins. Das liegt an der Tiefe der Schlucht und den vielen Bäumen, die das Sonnenlicht kaum bis zum Wasser vordringen lassen. Dicke, vom Wasser rundpolierte Steine liegen zu Dutzenden im Bachbett. Und zwischen den alten Buchen und Eichen öffnet sich eine tiefe, dunkle Aushöhlung. Das ist ein *ehemaliger Steinbruch*, aus dem Grauwacke gewonnen wurde. Das ist grau-grüner Sandstein und wird zum Bau von Häusern und zur Straßenbefestigung benutzt. Aber auch auf Bahndämmen findet Ihr diesen Stein zuweilen als Schotter wieder. Es lohnt sich in jedem Fall, diesen Steinbruch in Augenschein zu nehmen. Seltene Blumen, Tiere und andere Pflanzen könnt Ihr dort entdecken. Achtet auch auf die stattlichen Fichten, die am Wegesrand stehen und Euch auf Eurer Tour immer wieder begegnen. Leicht schlängelt sich der Weg bergan, und Ihr fahrt wie in einem grünen Tunnel, so dicht ist das Blätterdach, was bei Regen durchaus von Vorteil ist. Aber den lassen wir Zuhause während unseren Radtouren. Dann ist der **Rast-** und **Kinderspielplatz** mit Schutzhütte erreicht. Wir nehmen den Weg halblinks und beginnen unsere Rundfahrt um die Talsperre. Jetzt habt Ihr auch schon den ersten wunderschönen Blick auf den See und die Staumauer.

Steg im Kalltal

Dann gelangt Ihr zu einem gewaltigen Felsentor, das ist der „Kaiserfelsen". Betrachtet die Felsen genauer und Ihr stellt fest, daß in diesem Bereich der Eifel nur weniger Schiefer, dafür viel Grauwacke vorhanden ist.

Allerlei Pflanzen haben die Steinbrüche und schroffen Wände zu ihrem Lebensraum gemacht, so der Zwergfarn, die Felsenbirne, der Fingerhut und hin und wieder der Rote Holunder, der durch seine leuchtend roten Früchte auf sich aufmerksam macht. Aber bitte nicht essen, die sind nämlich giftig. Doch nicht nur Pflanzen bewohnen die zerfurchten Felsen. Feuersalamander und Blindschleiche lieben die unzugänglichen Verstecke, in denen es immer schön feucht ist. Mit etwas Glück entdeckt Ihr sogar eine Gelbbauchunke.

Auf Eurer weiteren Fahrt habt Ihr die Möglichkeit, über den Rad-Wanderweg nach *Rollesbroich* zu fahren, der ein Kilometer weiter links abbiegt.

Wir jedoch fahren weiter auf dem *Haupt-Wanderweg A 3/6* um die Talsperre herum. Dieser Weg ist für Radfahrer noch zusätzlich gekennzeichnet durch das bekannte *sechseckige weiße Schild mit grünem Rad.* Überall vernehmt Ihr nun starkes Plätschern und Rauschen. Das sind die zahlreichen Quellen und Bächlein, die allesamt in die Kalltalsperre und damit in den Kallbach fließen. Zur Rechten erblickt Ihr nun die Pegelanlage Kallbach. Es sind nur wenige Meter, und schon könnt Ihr ganz genau ablesen, wieviel Wasser in jeder Minute die Kall hinabfließen. Jetzt ist es nur noch ein Katzensprung bis zur Brücke über den Kallbach, hinter der wir scharf rechts einbiegen.

An dieser Stelle befindet sich auch ein hölzernes Hinweisschild *„Talsperrenrundweg"*. Nun führt uns der Rad-Wanderweg durch zerklüftetes Gelände längs des Kallbaches, der unter uns in seinem felsigen Bett rauscht und schäumt. Zuweilen schimmert das kristallklare Wasser des Stausees zwischen den Bäumen durch, und plötzlich steht Ihr vor einer großen Lichtung am Seeufer. Von hier aus bietet sich eine phantastische Fernsicht auf die Talsperre, die Staumauer und die vor Euch liegenden Bergwälder. Endlich ist der Keltzerbach erreicht, den wir über eine kleine Holzbrücke queren. Wie die Kall ist auch der Keltzerbach in eine urwüchsige und geheimnisvolle Schlucht eingebettet, die so manche Überraschung für Euch bereithält. Ob an der Kall oder am Keltzerbach, Ihr habt überall die Möglichkeit, spielend leicht an das Wasser heranzukommen, das so lecker schmeckt. Hinter der Brücke haltet Ihr Euch scharf rechts und biegt auf den *Wanderweg 2/4/1* ein. Nur ein paar Meter, und Ihr steht vor einer gewaltigen Fichte, die aus zwei Stämmen besteht. Es sind die *„Schwestern"*. Eine Laune der Natur, die aus einem Fichtensämling zwei Stämme entstehen ließ, die sich in der Tat sehen lassen können. Nach einer geruhsamen Fahrt durch dichten Mischwald, wo Sommersteinpilze, Stockschwämmchen und Pfifferlinge wachsen, sind wir am Sarcherbach angelangt. Nach der Überquerung radeln wir gleich rechts weiter und bemerken ein Hinweisschild *„Aussicht auf Heinrich-Geis-Stollen"*. Jetzt sind es nur noch wenige Meter bis zur Staumauer, wo sich ein Verweilen immer lohnt. Tief unter Euch im Tal erkennt Ihr das *Stauwärterhaus* und die steinernen *Schleusentore*.

Hinter der Staumauer halten wir uns links und fahren zurück zum Parkplatz Kallbrück. Wir überqueren den Parkplatz, radeln zur Straße und biegen links ein, queren die Kallbrücke und biegen gleich hinter der Brücke rechts ein auf den kleinen Stellplatz, wo eine Hängeesche reichlich Schatten spendet.

Ihr seht die *grün-weiße Barriere*, hinter der sich der Weg in das Kalltal fortsetzt. Den befahren wir nun, denn Ihr wollt Euch doch sicher die Eisenerz- und Fledermausstollen ansehen, die ich für Euch ausgekundschaftet habe. Der Waldweg ist zu Beginn etwas schottrig, daher solltet Ihr langsam fahren. Jetzt geht es wieder über die Kall hinein in den Wald, durch den ein herrlich zu fahrender Rad-Wanderweg führt. Überall erheben sich gewaltige Felsen, und manch einer schiebt sich bedrohlich weit über den Abhang hinaus. Aber keine Bange, die Felsen stehen seit Jahrtausenden so fest, daß Ihr getrost daran vorbeifahren könnt. Hinter einer vorspringenden *Felsnase* steht eine Bank, wo Ihr eine zünftige Verschnaufpause einlegen könnt.

Dann könnt Ihr den grasbewachsenen Weg, der waldeinwärts in eine Schlucht hinein führt, sehen. Diesen Weg radelt Ihr ungefähr einen Kilometer weit. Zu Eurer Rechten steht eine Hinweistafel, die Euch alles zur Eisenerzgewinnung und seiner Verhüttung erklärt. Und gleich hinter der Tafel führt ein Pfad zu einer mächtigen Höhle. In dieser Höhle haben vor Jahrhunderten die Menschen Eisenerz abgebaut und daraus Werkzeuge und Geräte hergestellt. Das geschah zum Beispiel in Zweifallshammer oder in Scheven- und Mulartshütte. Diese Orte sind Euch ja schon bekannt von anderen Rad-Wandertouren durch die Eifel. Wenn Ihr Euch ein wenig umschaut im *Tiefenbachtal*, so werdet Ihr rasch weitere Höhlen und Stollen entdecken, vor und in denen Ihr mit etwas Glück sogar noch ein Stück Erzgestein finden könnt. Im Winter suchen die Fledermäuse darin Schutz und halten Winterschlaf. Auch das Tiefenbachtal ist wild-romantisch und stark zerfurcht und bietet Euch viele Gelegenheiten zu tollen Spielen oder zum Bau eines Wasserrades.

Nach diesem Ausflug in die Eifeler Eisenerzzeit radeln wir den Weg zurück bis zur Holzbank und folgen rechts dem Hauptweg weiter nach auf Simonskall zu. Jetzt befinden wir uns auf dem historischen Wanderweg, zu erkennen an dem *schwarzen H auf weißem Grund*. Diesem Weg fahren wir nach bis zu einer Einmündung, wo wir uns rechts halten. Ihr könnt diesen Weg gar nicht verfehlen, weil dort ein *Hinweisschild* für Radfahrer angebracht ist. Direkt daneben steht eine **Schutzhütte**, wo sich ausgezeichnet rasten und schmausen läßt. Genießt die Stille der Bergwelt, wo nur der Gesang der Vögel, das Rauschen der Blätter und das Plätschern des Wassers zu hören ist.

Auf einem dicken Felsstein lest Ihr einen Namen *„Buhlert"*. Das ist ein Berg im Hürtgenwald, den Ihr über einen Wanderweg in 15 Minuten erreichen könnt. Von dort oben habt Ihr eine Aus- und Fernsicht über das Kalltal und den Hürtgenwald bis nach Düren. Ich kann Euch diesen kleinen Spaziergang nur empfehlen.

Weiter geht es nun leicht bergan bis zu einem Felsenvorspung, neben dem eine Sitzbank steht. Hier habt Ihr nochmals Gelegenheit zu einer Pause und einer wunderschönen Aussicht ins Kalltal. Wir radeln bis zur Einmündung, nehmen den Weg links, der sich durch Felsen und Wald schlängelt, gekennzeichnet mit dem bekannten *H* und zusätzlich noch *A 2,* und radeln auf diesem Weg talwärts nach Simonskall, dessen Häuser uns, vom Sonnenlicht beschienen, aus dem Talgrund entgegenleuchten.

Simonskall ist ebenfalls kein unbekannter Ort für Euch, denn eine andere Tour hat ja hier ihren Wendepunkt. Im Ort warten nun Limonade, leckeres Eis oder eine zünftige Bratwurst auf Euch. Wenn Ihr Euch später für die Rückfahrt entscheidet, so braucht Ihr das nicht mehr über die Berge zu tun, sondern Ihr nehmt das kaum befahrene, ruhige Nebensträßchen von Simonskall zum Parkplatz Kallbrücke. Diese Fahrt beschert Euch nochmals beeindruckende Bilder von gewaltigen Felsen, so dem *Ochsenkopf* oder der *Burg*, wie die schroffen Bergstücke noch genannt werden. Dann habt Ihr den **Parkplatz Kallbrücke** erreicht, wo diese Tour endet.

Wie kommt man zur Kalltalsperre?
Mit dem PKW von Düren über die B 399 auf Hürtgenwald-Vossenack. Hinter dem Ortsausgang Vossenack in der scharfen Rechtskurve abbiegen und dem Hinweisschild Simonskall folgen. Starkes Gefälle – Vorsicht – bis Talsohle Kallbrücke. Gleich hinter der Brücke rechts auf den Parkplatz Kallbrücke.

Weglänge:	15,5, km	
Freibad Vossenack		
Öffnungszeiten:	Mai bis September täglich	ab 9.00 Uhr
Auskünfte:	Freibadanlage Telefon 0 24 29/12 52	
Friedensmuseum Hürtgenwald, Vossenack		
Zum Alten Forsthaus		
Öffnungszeiten:	sonntags (Besichtigung von Gruppen bei Voranmeldung auch an anderen Tagen möglich)	11.00 – 17.00 Uhr
Auskünfte:	Museum Telefon 0 24 29/78 22 und /75 71	
Auskünfte:	Verkehrsamt Hürtgenwald Telefon 0 24 29/3 09 42, Telefax /3 09 70	
Einkehrmöglichkeiten:	Zum Alten Forsthaus, Vossenack (Telefon 0 24 29/78 22) Landhaus Kallbach, Simonskall (Telefon 0 24 29/12 74) Talschenke, Simonskall (Telefon 0 24 29/71 53)	

Tips:
Burgberg in Bergstein mit Krawutschke-Turm, tolle Fernsicht, Wildpark in Schmidt (ganzjährig geöffnet)

Kartenempfehlung:

1 : 50 000 Landesvermessungsamt Nordrhein-Westfalen, Rad-Wanderkarte Deutsch-Belgischer Naturpark, Rureifel/Hohes Venn

7 Von königlichen Adlern und tiefen Wassern

Das Wildfreigehege Hellenthal und die Oleftalsperre

Ein Abenteuer der besonderen Art erwartet Euch und Eure Eltern in Hellenthal. Dort befindet sich nämlich das berühmte Wildfreigehege. Das ist so groß angelegt, daß die Tiere fast soviel Platz haben wie in der freien Wildbahn. Was besonders für die Greifvögel wichtig ist, denn die wollen und müssen ja viel fliegen. Und dazu zählen auch die Adler. Aber nur Adler würden dem Namen der Greifvogelstation – so wird sie auch noch genannt – nicht gerecht werden. Eulen, Milane, Sperber, Falken, Bussarde und Habichte teilen sich mit den Adlern ihr Revier, das weit über den Tierpark in die Eifelwelt hineinreicht. Denn jeden Tag ist Freiflug und das bedeutet, daß Ihr die herrlichen und stolzen Vögel am Himmel fliegen sehen könnt. Oder ganz nah, wenn der Falkner mit dem Adler auf der Faust zu Euch kommt. Eine der Attraktionen sind die majestätischen Weißkopfseeadler, die in Hellenthal mit Erfolg nachgezüchtet werden. Wenn Ihr Glück habt, dann kommt Ihr gerade in dem Augenblick, wo junge Adler oder Falken das Licht der Welt erblicken. Und wer sich für die Aufzucht und Pflege von kranken oder verletzten Greifen interessiert, dem werden in der Greifvogelschutzanlage alle Fragen zu diesen wundervollen Tieren beantwortet. Natürlich gibt es noch viel mehr zu sehen. Hirsche, Rehe, Mufflons, Wildschweine, Schneeleoparden, Füchse, Marder, Dachs und Iltis. Und zu naschen bekommt Ihr selbstverständlich auch im Gehege. Mitten drin steht ein Kiosk mit allem was Euer Herz begehrt. Dann macht das Herumstreifen noch mal soviel Spaß. Besonders im Streichelzoo. Oder der Ausritt auf einem Pony quer durch den Eifelwald. Das ist doch so recht nach Eurem Geschmack. Vielleicht reiten Eure Eltern ja mit?

Was jedoch wäre der Besuch Hellenthals ohne seine wunderschön gelegene Talsperre, von der Ihr einen kleinen Teil schon vom Freigehege aus sehen könnt. Am Ausgang des Wildparks biegt man rechts ab, talwärts hinein nach Hellenthal, wo die Olef die Straße unterfließt. Große Schilder weisen auf das Wildfreigehege und die Oleftalsperre hin. Die Olef ist ein Bach so groß wie der Kallbach. Wenn Ihr aber dann auf der Staumauer steht und die riesige Wasserfläche seht, dann könnt Ihr Euch kaum vorstellen, daß all das Wasser nur von der kleinen Olef stammt. Na gut, alles nicht, es regnet ja noch und einige kleinere Bächlein geben auch noch etwas dazu.

Im Talgrund (Ortsmitte) fährt man rechts ein in die Zufahrtsstraße zur *Staumauer*, die schon bald erreicht ist. Große Schautafeln erklären haargenau, wann und wie die Staumauer gebaut wurde und der Olefsee entstand. Früher war das Oleftal nämlich ein gewaltiger

Steinbruch; und als die Menschen die Steine nicht mehr brauchten, da blieb ein riesiges Tal zurück. Findige Leute kamen dann auf die Idee, eine Talsperre zu errichten. Auf diese Weise kam Hellenthal zu seiner Oleftalsperre. Vor der mächtigen Staumauer, die über 50 Meter hoch ist, befindet sich ein Parkplatz. Das ist der Ausgangspunkt der Radwanderung um den Olefsee. Zuvor jedoch heißt es die Räder bergan schieben, denn der Aufstieg zur Staumauer führt über einen Wanderweg. Ihr könnt auch auf der anderen Seite der Staumauer eine schmale Straße benutzen, aber dieser Weg ist viel länger als der Wanderweg und nur halb so schön. Zwischen Parkplatz und **Staumauer** befindet sich ein Café, das jedoch erst in den Sommermonaten öffnet. Ihr orientiert Euch zunächst am Hinweis *Radwanderweg 26*, dann am Schild *Wanderweg 1* (*schwarze 1 auf weißem Grund*), der Euch geradezu auf den Rundweg um die Talsperre und die Staumauer führt.

Von dort oben bietet sich ein grandioses Bild. Weit geht der Blick ins Tal hinein auf Hellenthal und die Eifelberge. Nach Westen erstreckt sich der tiefblaue Stausee, eingefaßt von smaragdgrünen Wäldern, scheinbar endlos, bevor er sich irgendwo zwischen den Bergen verliert. Es ist die wild-romatische, teilweise bizarre, stark zerklüftete Landschaft, die Euch an die Küste Norwegens denken läßt, und das mitten in der Eifel.

In Schleifen und Bögen umrundet der Weg den See. Idyllische Plätzchen (Schutzhütten) laden auf der Tour zum Verweilen ein. Ihr fahrt am Ufer entlang und genießt die würzige Luft des Waldes, der bis an den Radweg heranreicht. Himmelhoch ragen die Bäume, und nur wenige Schritte entfernt fällt das Ufer zum See hin ab. Auch wenn es Euch in den Fingern juckt, im See ist das Baden verboten, denn das Wasser der Oleftalsperre ist nur für die Trinkwassergewinnung vorgesehen. Es gibt keine Boote auf dem See und keine Häuser an den Ufern. Ihr seid mit Euren Eltern ganz allein auf dieser Radtour, die zu einer der schönsten im Eifelland zählt. Kleine Felseninseln erheben sich aus den kristallklaren Fluten, Graureiher stehen regungslos im Grund, Enten schnattern vergnügt, und am Zulauf der Olef in den Stausee hat sich ein Kleinsee mit allerlei Pflanzen und Tieren ausgebildet. Dort befindet sich eine der drei *Schutzhütten*, wo es sich herzhaft schmausen und ausruhen läßt.

Wenn Ihr den *Pegelstandsanzeiger* erreicht habt, steht Ihr am Olef-Zufluß. Das Wasser plätschert vergnügt und niemand hat etwas dagegen, wenn Ihr Euch ein wenig aus dem Bach erfrischt. Wer die stille Einsamkeit der Berge liebt, der ist auf diesem Radwanderweg genau richtig. Eine besondere Attraktion ist das Wild-Narzissen-

Wildzerklüftete Uferlandschaft der Oleftalsperre

Schutzgebiet, das sich auf den Wiesen oberhalb der Olef befindet, gar nicht weit weg von der Schutzhütte. Das solltet Ihr Euch unbedingt ansehen. Hunderttausende dieser schönen und seltenen Blumen-Pflanzen blühen dort im April und Mai. Aber bitte nicht pflücken.

An der Schutzhütte beginnt jetzt auch der *geologisch-montanhistorische Lehrpfad*, der umfassend über die Gesteine und ihre Eigenarten informiert. Dieser Lehrpfad folgt dem Rundwanderweg *Nr. 1*, der Euch wieder zur Staumauer und damit zum Ausgangspunkt zurückführt.

Unterwegs seht Ihr mächtige Felswände, gewaltige Schluchten und turmhohe Steinwände, die in Jahrmillionen entstanden. Mit etwas Glück findet Ihr Versteinerungen, Fossilien (Reste von Tieren oder Pflanzen). Über eine kurvenreiche Strecke (dritte Schutzhütte) mit geringfügiger Steigung, die Euch eine phantastische Einsicht in die „steinreichen" Buchten des Olefsees schenkt, gelangt Ihr schließlich wieder zur Staumauer und über den Wanderweg hinab zum **Parkplatz**.

Wie kommt man nach Hellenthal?
Mit der Bahn von Köln über Euskirchen bis Kall: von Trier über Gerolstein nach Kall, von Kall besteht Busanschluß nach Hellenthal; von Aachen Busverbindung nach Hellenthal.
Mit dem Auto: von Köln: A 1, Ausfahrt Euskirchen-Wißkirchen, B 266 Richtung Gemünd, B 256 über Schleiden nach Hellenthal; von Aachen: über die B 258 Richtung Monschau; von Trier: über die B 51 Richtung Bitburg, Prüm, weiter über B 265 nach Hellenthal;

Weglänge:	14,23 km zuzüglich Rundwanderung Wildgehege	

Wildfreigehege Hellenthal

Öffnungszeiten:	ganzjährig	9.00 – 18.00 Uhr
	täglich Adlerfreiflüge	11.00, 14.30 und 16.00 Uhr
Eintritt:	Erwachsene	DM 13,00
	Kinder (ab 4 J.)	DM 9,00
	Gruppen ab 15 Personen:	
	Erwachsene	DM 8,00
	Kinder	DM 6,00
	Familienkarte (2 Erwachsene und 2 Kinder)	DM 42,00

Fahrradverleih:	Willy Thönnes, Hellenthal, Telefon 0 24 82/29 68
Auskünfte:	Hellenthal Wildgehege, Telefon 0 24 82/22 92 Verkehrsamt Hellenthal, Telefon 0 24 82/8 51 15 Grube Wohlfahrt, Telefon 0 24 48/6 37 (vormittags) Krippana, Telefon 0 65 57/8 66 und /8 18
Einkehrmöglichkeiten:	Rasthaus im Wildgehege, Kiosk – Erfrischungen im Gelände, Café vor der Staumauer (ab Sommermonat), örtliche Gastronomie in Hellenthal

Tip:
Besuch der Grube Wohlfahrt Rescheid, warme Kleidung und feste Schuhe mitbringen!

Führungen:	täglich		11.00, 14.00 und 15.30Uhr
Eintritt:	Erwachsene	DM	8,00
	Kinder (bis 14 J.)	DM	3,50
	Familienkarte	DM	18,00

Tip:
Besuch des Burgendorfs Reifferscheid und der Wildenburg. Mittelalterliche Wehranlage auf vorspringendem Felssporn. Inmitten einer teilweise erhaltenen Stadtmauer (14. Jahrhundert) finden sich idyllische Häuser und malerische Gassen. In jedem Jahr am 3. Sonntag im September wird ein großes Burgfest mit historischem Jahrmarkt veranstaltet.

Tip:
Krippenausstellung „Krippana" (in Losheim, Prümer Straße 54)

Öffnungszeiten:	täglich		10.00 – 18.00 Uhr
Eintritt:	Erwachsene	DM	9,00
	Kinder (ab 6 J.)	DM	4,50
	Gruppen ab 20 Personen	DM	8,00
	Gruppen ab 50 Personen	DM	7,00

Kartenempfehlung:
1 : 50 000 Radwanderkarte des Landesvermessungsamtes Deutsch-Belgischer Naturpark Rureifel

Über die Höhen des wildromantischen Ahrtales

Hallo Kinder, ich freue mich sehr, Euch im Ahrtal begrüßen zu können. Das Ahrtal ist Teil der Eifel, und die gehört zum Rheinischen Schiefergebirge. In Jahrmillionen ist das alles entstanden. Während dieser langen Zeit hat sich die Ahr in den Felsen gegraben und ein phantastisches Tal geschaffen. Dieses Tal diente den ersten Siedlern als Straße. Später folgten dann die Römer nach, die auch den Weinanbau mit nach Germanien brachten. Die Römer sind längst verschwunden, aber der Weinanbau ist geblieben. Damit Ihr das Ahrtal, die Weinberge und alles was darin kreucht und fleucht so richtig bewundern könnt, wurde der Rotwein-Wanderweg angelegt, auf dem Ihr auch mit dem Fahrrad fahren könnt. Nur müßt Ihr auf die Fußgänger acht geben, die Euch immer wieder begegnen. Ihr könnt natürlich auch im Tal der Ahr fahren, teils auf einem Radweg, teils auf der Straße. Aber da ist es sehr laut, und Ihr könnt die Schönheit der Landschaft nicht so recht genießen.

Als Startpunkt habe ich das **Gästehaus Caspari** am „Roßberg 1" ausgesucht. Dort kann man prima übernachten und ganz leckeres Eis essen. Und was besonders wichtig ist: der Wirt hat eine abschließbare Garage nur für Fahrräder! Aber jetzt will ich Euch die wunderschöne Tour nicht länger vorenthalten. Ich hoffe doch sehr, daß Eure Eltern fit sind und den Rotwein-Wanderweg mitradeln.

Ihr fahrt vom Gästehaus aus gleich rechts die B 257 bergan in Richtung Bonn, vorbei an einer Shell-Tankstelle. Dann gelangt Ihr rechts an die Einfahrt zum *Hotel Bergfried.* Dort geht es hinauf zum *Rotwein-Wanderweg,* der mit einer dicken *roten Traube* gekennzeichnet ist. Nach einer mäßigen Steigung gelangt Ihr an eine Gabelung, der Ihr bergwärts folgt. Ihr befindet Euch jetzt auf dem *WW 3 (Wanderweg).* Von dort oben habt Ihr einen herrlichen Blick auf das Ahrtal mit Altenahr und der Burgruine Are. Bald ist der Höhenrücken erreicht, wo sich in einer Wegkehre zwei *(rote) Bänke* befinden, die eine ganz tolle Aussicht auf das Ahrgebirge gewähren. Ihr radelt links auf dem *WW 3/10 Rote Traube* weiter bergan bis zur nächsten roten Bank. Dort kommt Ihr zu einer Weggabelung, die Euch über den *Rotwein-Wanderweg WW 3* rechts bergab leitet. An einem dicken Felsstein haltet Ihr Euch links bis das Schild *Weinort Mayschoß* in Sicht kommt.

Jetzt gibt es 2 Möglichkeiten:
Entweder nehmt Ihr den Weg hinab nach Mayschoß, vorbei am Campingplatz, und fahrt auf dem *Uferradweg* bis Dernau, wo Ihr

wieder auf den Rotwein-Wanderweg stoßt, der Euch in die Berge führt.

Oder Ihr folgt meiner Wegführung über den Rotwein-Wanderweg, die jedoch einige Schwierigkeiten bereithält, die für Euch sicher kein Problem sind. Aber ich weiß nicht, ob Eure Eltern das so locker schaffen. Ihr müßt nämlich an einigen Stellen Eure Räder tragen, und zwar treppauf und treppab. Natürlich gibt es viele hilfsbereite Wanderer, die sofort mit anpacken, trotzdem muß ich Euch darauf aufmerksam machen, damit Ihr hinterher nicht mit mir schimpft. Auch wenn es etwas mehr an Anstrengung kostet, ist die Radtour über den Rotwein-Wanderweg ein grandioses Erlebnis.

Hier nun der weitere Verlauf über den *Rotwein-Wanderweg:*

Ihr haltet Euch links und radelt über eine kehrenreiche Strecke bergab – bitte nicht zu schnell – bis zu einer Wegkreuzung, wo Ihr scharf rechts an einer Eiche (*rote Traube am Stamm*) in Richtung Mayschoß fahrt. Es folgt eine weitere Weggabelung, der Ihr am *Stein* links folgt, dann geradeaus bis zur einer Wegkreuzung, wo Ihr nach Mayschoß fahren könnt.

Der Rotwein-Wanderweg verläuft jetzt wieder bergan durch die Weinberge, die Ihr hautnah erleben könnt. Aus den Knospen der gebogenen Reben schieben die Rebstöcke die ersten Blätter, auf den Schieferhängen flimmert die Luft, Aurorafalter und Schwalbenschwanz gaukeln durch die Luft, und über den felsigen Schluchten kreist der Wanderfalke. Eidechsen kleben auf den Steinen, die von der Sonne erwärmt werden. Wie winzige Drachen lauern die schuppigen Tiere auf Beute, und wenn sie sich einmal zanken, dann fauchen sie, wie es in den alten Sagen geschrieben steht. Nun könnt Ihr die Ahrberge auf dem Sattel genießen, denn das Fahren auf den festen Wegen macht richtig Spaß. Aber immer an die Fußgänger denken!

Ihr kommt zu einer Terrassenmauer, wo Ihr rechts abbiegt bis zu einer Wegekreuzung, wo es links bergan nach *Rech* geht. Stellt Euch das vor, der Ort trägt den Namen meines Freundes Hans Joachim. Ob es auch eine Weißnicht-Stadt gibt? Na ja, sei es ihm gegönnt. Ihr gebt jetzt acht, denn bald müßt Ihr auf dem Wanderweg nach rechts abbiegen, der dem weiteren Verlauf des Ahrtales folgt. Dann ist die **Heinz-Korbach-Rast** erreicht, wo Ihr eine richtige Vesperpause einlegen könnt. Ausspannen und richtig verschnaufen, das wird Euren Eltern gefallen. Vor Euch liegt der *Mönchberg*, nach dem eine Weinlage benannt ist. Das hat eine alte Tradition, die seit mehr als tausend Jahren besteht. Auf Schautafeln erfahrt Ihr sehr viel Wissenswertes über den Weinbau, die Nütz- und Schädlinge und die Art der Bewirtschaftung. Jetzt folgt der Anstieg über die *Treppen*, der etwas mehr Kraft kostet, weil die Räder getragen werden müssen. Danach könnt Ihr die Räder schieben und erreicht nach 200 Metern wieder den befahrbaren *Rotwein-Wanderweg*.

Jetzt habe ich Euch schon ein paarmal den Namen Rotwein-Wanderweg genannt, aber noch nicht erklärt, warum er so heißt. Daß im Ahrtal Wein angebaut, wird seht Ihr auf jedem Meter Eures Weges. Da wachsen weiße und rote Trauben an den Reben. Aha – werdet Ihr sagen, aus den weißen Trauben wird weißer Wein und aus den roten eben der Rotwein. Nicht ganz, denn man kann aus beiden Trauben weißen Wein keltern. Der Trick bei der Sache ist der, daß die Winzer, wenn sie Rotwein herstellen wollen, die roten Schalen der Trauben mit vermosten. Dadurch gelangt der Farbstoff in den Wein. Und weil im Ahrtal fast nur Rotwein erzeugt wird, heißt der Rad-Wanderweg eben Rotwein-Wanderweg. Puh – das hat mir doch die ganze Zeit noch auf der Zunge gelegen.

Aber jetzt heißt es wieder radfahren und die wunderschöne Landschaft genießen. Im weiteren Verlauf des Weges kommt Ihr zu einem Schild *Recher Hof*, wo es links über den *WW 8* wieder hinauf in die Weinberge geht. Ihr folgt diesem Weg bis zur Gabelung, folgt dem Hinweis rechts und an der nächsten Gabelung gleich wieder rechts. An der Sitzbank bietet sich eine Rast und wunderschöne Aussicht an. Im Tal glitzert die Ahr, und die Eisenbahn ist so klein wie ein Spielzeug. Nach einer mäßigen Steigung gelangt Ihr über Euren Rad-Wanderweg in eine Klamm, die Euch geradewegs zur *Mosesquelle* führt. Dort, im Schatten der Felsen und Bäume hoch über dem Tal, stehen Tische und Sitzbänke für den Rad-Wanderer bereit. Genießt die Aussicht und bewundert die zahlreichen Schmetterlinge, die durch die Lüfte gaukeln. Mit ein wenig Glück werdet Ihr auch der heimischen Ringelnatter ansichtig, die heimlich durch das Laub raschelt.

Voraus geht der Blick schon auf *Dernau*, und die Radfahrt geht bergab durch artenreichen Mischwald. Ihr radelt auf dem Radweg bis zur Gabelung, haltet Euch halblinks und biegt ein auf den *WW 6*, der Euch bergan führt. Unbeirrt folgt Ihr dem Hinweisschild *Rotwein-Wanderweg* an einem Bildstock vorbei, wo Ihr scharf rechts abbiegt. Ihr gelangt zu einer Hauptstraße, die Ihr kreuzt, quert dann anderseitig den Parkplatz und fahrt auf Walporzheim zu. An der nächsten Einmündung folgt Ihr dem Hinweis ins Tal. Vor dem Tunnel fahrt Ihr halbrechts und im Bogen über das Viadukt links und danach gleich wieder rechts bergan (Richtung Dernau).

Blick in das Ahrtal

An der nächsten Gabelung folgt Ihr rechts dem *RWW 4,* der Euch stetig bergan auf die Höhen des Schiefergebirges geleitet. Von der Hochlage habt Ihr eine grandiose Aussicht auf das Ahrgebirge, das Städtchen Dernau, die Weinberge und zahlreiche Burgruinen, die wie verwunschen im Felskessel liegen. Nun geht es auf dem *Rotwein-Wanderweg* talwärts bis zu einer Sitzbank, an der Ihr aber geradeaus weiterfahrt. Nicht rechts abbiegen!! Dann kommt die nächste Gabelung, wo der Weg zunächst ein kurzes Stück in den Ort *Marienthal* führt. Zur Linken seht Ihr einen Holzwegweiser. An dem biegt Ihr scharf links und radelt leicht bergan bis zum Schild *Rundgang Nr. 20,* wo Ihr rechts einbiegt. Auf der Höhe folgt Ihr immer dem Schild *Rotwein-Wanderweg.*

Links am Wege steht eine Schutzhütte, wo sich trefflich schmausen und trinken läßt, denn diese Radtour macht ganz schön hungrig und durstig. An der Hütte fahrt Ihr links bergan und biegt nach ca. 100 Metern halbrechts in den Weinberg ein. Vom Aussichtspunt *Fischley* zur Eurer Rechten geht der Blick in das Ahrtal. Bald habt Ihr die Einmündung nach *Walporzheim* erreicht, und Ihr fahrt links hinauf zum Café-Restaurant „Weingut Försterhof". Der Weg führt weiter rechts und schon bald liegt auf der rechten Seite der „Altenwegshof", die Gaststätte für Radfahrer überhaupt. In einem großen Biergarten sitzt Ihr unter hohen Bäumen wunderbar schattig und trinkt leckere Limonade. Von der Höhe aus seht Ihr schon Bad-Neuenahr-Ahrweiler, das Ziel Eurer Rad-Wandertour. Ihr radelt am Café „Hohenzollern" vorbei und haltet Euch links. Jetzt geht es in weiten Kehren abwärts nach Ahrweiler.

An der *Römischen Villa*, die erst 1980 am Fuße des Silberbaches entdeckt wurde, legt Ihr eine weitere Pause ein, denn Ihr solltet Euch unbedingt ansehen, was damals ausgegraben wurde. Wußtet ihr, daß die alten Römer schon vor 2 000 Jahren ihre Häuser mit einer Fußbodenheizung erwärmten? Oder Warm- und Kaltwasser-Bäder kannten? All das und noch viel mehr, besonders über die römische Küche, erfahrt Ihr in dem Römer-Villen-Museum. Viel Vergnügen bei der Besichtigung.

Bis Bad Neuenahr-Ahrweiler sind es nur noch wenige Minuten. Der *Rotwein-Wanderweg* führt jetzt ein kurzes Stück an der B 267 entlang, bis Ihr zu einer Brücke kommt, über die Ihr in die Stadt einfahrt. Durch das Adenbachhuttor gelangt Ihr auf die „Adenbachhutstraße" und damit direkt in den historischen Ortskern. **Ahrweiler** ist eine mittelalterliche Stadt mit wunderschönen alten Häusern und einer richtigen alten Stadtmauer. Spielplätze gibt es, und einen großen Springbrunnen auf dem Marktplatz, worin im Sommer die Kinder baden. Nach dieser Radtour habt Ihr Euch das Bad im Brunnen redlich verdient. Und Eure Eltern natürlich auch. Nach ausgiebigem Stadtbummel, leckerem Schmaus und Trank, wollt Ihr natürlich zurück nach Altenahr. Nichts einfacher als das. Dazu überquert Ihr wieder die Brücke zum Adenbachhuttor und geht/fahrt mit den Rädern links hinab zum Bahnsteig. Dort hält der Zug, der Euch alle mitsamt den Fahrrädern zurückbringt nach Altenahr. Eine Bahnfahrt durch das schöne Ahrtal ist ein besonderes Erlebnis. Jetzt seht Ihr nämlich noch einmal den Rotwein-Wanderweg und die Strecke, die Ihr gefahren seid.

i

Wie kommt man nach Altenahr?
Mit der Bahn von Köln oder Koblenz über Sinzig, Bad Neuenahr-Ahrweiler bis Altenahr. Bahn verkehrt an den Wochenenden stündlich. Fahrräder werden im ersten Wagen mitgenommen.
Bus von Meckenheim, Bonn, Ahrweiler und Remagen nach Altenahr.

ℹ Mit dem PKW über die B 267 oder B 257, Autobahnabfahrt Bad-Neuenahr-Ahrweiler oder Altenahr.

Weglänge:	19 km	
Römische Villa Öffnungszeiten:	dienstags bis freitags	10.00 – 18.00Uhr
	samstags und sonntags	10.00 – 17.00Uhr
	Mitte November bis Ende März geschlossen	
Eintritt:	Erwachsene	DM 7,00
	Kinder	DM 3,50
	Familien	DM 10,00
Führungen:	Gruppen	DM 50,00
	Schulklassen	DM 30,00
Auskünfte:	Verkehrsverein Altenahr und Touristinformation, Telefon 0 26 43/84 48 Verkehrsverein Bad Neuenahr-Ahrweiler, Telefon 0 26 41/22 78	
Einkehrmöglichkeiten:	Rucksackverpflegung, Café-Restaurant Weingut Förster und/oder Altenwegshof (täglich geöffnet) ansonsten in den Orten des Ahrtals	

Tips:
Fahrt mit der Sesselbahn von Altenahr hinauf auf den Übigsberg; Betrieb ab Ostern und bei schönem Wetter.
Sommerbobbahn, dies ist ein Vergnügen der besonderen Art.
Frei- und Hallenbäder in und um Altenahr sind saisonal bzw. ganzjährig geöffnet.

Kartenempfehlungen:
1 : 50 000 Karte des Landesvermessungsamtes Rheinland-Pfalz
1 : 25 000 Wanderkarte Nr. 9 des Eifelvereins

Eine Fahrt auf Westdeutschlands einzigartiger Schmalspur-Bergbahnstrecke

Guten Tag, Kinder. Ich freue mich riesig, daß Ihr wieder mit mir und Euren Eltern auf Tour geht. Heute steht ein Erlebnis an, das Ihr so schnell nicht vergessen werdet. Bestimmt haben einige von Euch eine Modelleisenbahn zu Hause. Vielleicht sogar eine, die richtig dampft und pfeift. Und wenn nicht, heute lernt Ihr eine dampfechte Lokomotive kennen, die Euch und Eure Räder in wunderschönen alten Waggons an den Ausgangspunkt unserer Radtour bringt. Jetzt wollt Ihr natürlich unbedingt wissen, wo das ist. Klaro, kann ich verstehen. Also dann – aufgepaßt, es geht los.

Start und Ziel unserer Bahn-Radfahrt ist die Stadt **Brohl** am Rhein. Das liegt etwa auf halber Strecke zwischen Bonn und Koblenz am linken Rheinufer. Und in dieser beschaulichen Stadt gibt es neben einem „normalen" Bahnhof noch eine Zugstation im Brohler Ortsteil **Lützing**, nämlich den *Vulkanbahnhof*. Dort fährt der *Vulkan-Expreß* ab, hinauf in die wild-zerklüftete Vulkan-Eifel. Damit auch alle Kinder und Erwachsenen das pfeifende Dampfroß bewundern können, fährt der Vulkan-Expreß mit Dampflok nur am Wochenende. Natürlich könnt Ihr auch an anderen Tagen mit dem Zug fahren, aber dann ziehen Dieselloks die Waggons. Das macht genausoviel Spaß, nur kommt der letzte Kick eben erst beim Dampflok-Fahren.

Auf dem Bahnhof, der zu Beginn dieses Jahrhunderts gebaut wurde, gibt es schon viel zu sehen. Blitzblank geputzte Dampflokomotiven stehen neben wunderschönen alten Waggons mit Holzsitzbänken und Gardinen an den Fenstern. Sogar Blumen stehen auf den Fensterbänken, und an den Wänden hängen Bilder aus der Eifel. Und zu essen und trinken wird selbstverständlich in jedem Waggon angeboten. Nach diesem ersten Beschnuppern ertönt die Pfeife des Zugführers, und schon geht es los. Schnaufend und pfeifend setzt sich der Zug in Bewegung. Ein ganz besonderes Vergnügen bietet ein offener Waggon direkt hinter der Lok. Dort könnt Ihr Eure Räder abstellen, auf Sitzbänken Platz nehmen, dem Lokführer bei seiner „heißen" Arbeit zusehen, oder ganz einfach nur die herrliche Eifellandschaft voll und ganz genießen. Das Blumenpflücken während der Fahrt ist aus Sicherheitsgründen leider verboten. Gemütlich geht es im Vulkan-Expreß zu. Ruckelnd und rumpelnd fährt der Zug bergauf. Welch ein Glück auch. Stellt Euch nur vor, wir müßten diese Strecke mit dem Fahrrad bergan fahren. Das besorgt Gott sei Dank der Vulkan-Expreß für uns. Sicher fragt Ihr Euch, wieso der Zug Vulkan-Expreß heißt? Nun – das ist ganz einfach: Weil die Eisenbahnstrecke mitten durch vulkanisches Gebiet führt, rechts und links an mächtigen, aber gottlob erloschenen Vulkanen vorbei.

Fahrt im offenen Waggon des Vulkan-Expreß

Überall auf der Strecke seht Ihr zwischen den Bäumen und Büschen die steil abfallenden Schichten des Eifelschiefers. Wie Ihr ja wißt, ist die Eifel ein Teil des *Rheinischen Schiefergebirges.* Dann ist der Heilbrunnen **Bad Tönisstein** erreicht, wo der köstliche Tönissteiner Sprudel abgefüllt wird. Gegenüber erhebt sich die prächtige *Schweppenburg* aus dem 14. Jahrhundert. Gleich neben der Burg steht die *Wassermühle* des Müllermeisters Mosen, der auch heute noch mit Wasserkraft aus Korn Mehl mahlt. Das landschaftliche Bild wechselt, das Brohltal weitet sich ein wenig und gibt den Blick frei auf den hell schimmernden Trass und Tuffstein. Das ist zum einen vulkanischer Sand, der sich bei Vulkanausbrüchen in dicken Schichten auf die Eifel legte und ein wertvoller Rohstoff ist. Zum anderen wird der festere Tuffstein, ein Sand-Muschelkalkgemisch, gerne von Steinmetzen und Bildhauern verwandt, weil er sich sehr gut bearbeiten läßt. Und die Brohltalbahn, wie der Vulkan-Expreß noch heißt, hat früher diesen Trass und Tuff aus dem Abbaugebiet nach Brohl zum Hafen geschafft. Überall könnt Ihr die vor langer Zeit stillgelegten Trass- und Tuffsteinbrüche erkennen, die längst von der Natur zurückerobert wurden. Seltene Pflanzen und Tiere leben in diesen Oasen der Eifel-Vulkanwelt. Und dann heißt es „alles auf den Sitzen bleiben", denn wir durchfahren den *Tönissteiner Tunnel* bei Bad Tönisstein. Ihr könnt natürlich an jeder Haltestelle den Zug verlassen und Euch ein wenig umsehen, bis der Zugführer die Pfeife betätigt, denn dann geht die Fahrt weiter. Ihr gelangt nach **Burgbrohl** mit seiner alten Burg und dem schönsten erhaltenen Bahnhofsgebäude der Schmalspurbahn. Zur Rechten erhebt sich der Vulkan *Herchenberg*, ein Riese unter den Eifelvulkanen. Richtig bedrohlich sieht er aus, und bis heute trauen ihm die Vulkanforscher nicht so recht. Wir durchfahren **Weiler**, unterqueren die Autobahn, und der Vulkan-Expreß schnauft unermüdlich bergan. Dann kommt der nächste Vulkan in Sicht. Es ist der *Krater Bausenberg*, nicht ganz so groß wie der Herchenberg, aber nicht minder furchteinflößend. Und dann sind wir auch schon in **Niederzissen** auf dem Bahnhof, wo uns weitere Fahrgäste begrüßen. Hier habt Ihr dann ein wenig mehr Zeit, denn jetzt heißt es warten auf den nächsten Zug, mit dem Ihr weiter hinauffahrt nach Engeln, zur Endstation. Ihr müßt wissen, daß die Dampflok nur bis Niederzissen fahren kann, weil sie die Steigung nach Engeln nicht mehr schafft. Das können nur zwei Dieselloks. Früher waren natürlich mehr Dampfloks in Betrieb. Dann wurden in Niederzissen zwei weitere an den Zug gekuppelt, und zu dritt schafften es dann die Dampfrösser spielend leicht. Leider geht das heute nicht mehr, was aber den Spaß an der Fahrt keineswegs trübt. In Niederzissen beginnt auch die *Geopfadroute Mittleres Brohltal*, die über den am besten erhaltenen Hufeisen-Vulkankrater Deutschlands führt. Vielleicht habt Ihr ja etwas mehr Zeit und legt eine Wanderung ein, die Euch durch eine faszinierende Landschaft geleitet.

Nach weiteren zwei Kilometern erfolgt der nächste Halt in **Oberzissen**, wo nur vier Gehminuten vom Bahnhof entfernt eine Heilquelle sprudelt. Köstlich sage ich Euch, aber die Quelle hebt Ihr Euch besser auf für die Radtour, wenn Ihr durstig seid. In Fahrtrichtung rechts erhebt sich die Ruine der *Burg Olbrück*, die bereits um 950 erstmals erwähnt wurde. Jetzt sind es noch fünf Kilometer bis zum Endpunkt der Fahrt. Dann seid Ihr endlich in **Engeln** angekommen.

Ihr befindet Euch jetzt 465 Meter über dem Meeresspiegel und habt mit dem Vulkan-Expreß eine Höhe von 400 Metern zum Ausgangspunkt Brohl überwunden. Von hier aus führt außerdem ein herrlicher Wanderweg zu den *Tuffsteinbrüchen* in Weibern. In Engeln beginnt auch die *Geopfadroute Oberes Brohltal*, die Euch einen sehr guten Einblick in die Erdgeschichte der Vulkaneifel erlaubt. Aber der eigentliche Zweck Eurer Zugreise ist die Radtour bergab längs des Brohltals zurück nach Brohl. Und mit der wollen wir jetzt beginnen.

Vom Bahnhof in Engeln, der im alten Holzbaustil neu errichtet wurde, geht Ihr zunächst über den Bahnsteig bis zu den Gleisen zurück, überquert diese nach rechts, um gleich wieder halblinks den Weg ins Tal zu nehmen. Ihr gelangt so zu den Orten Fußhölle und Brenk. Aber gebt bitte acht, der Radweg hinab ins Tal ist auf den ersten 500 Metern ziemlich abschüssig. Also gut bremsen und langsam fahren. Dann seid Ihr in **Brenk** und wechselt an der Hauptstraße auf den *Brohltalhöhenweg*, eine sehr ruhige Nebenstraße. Die führt durch eine herrliche Landschaft mit phantastischer Fernsicht auf Vulkane und die Burgruine Olbrück in Richtung Niederzissen. Talwärts kommt ein Schild in Sicht *„Oberzissen 1 km"*. Dort biegt Ihr links ein und erreicht über einige Schleifen den Ort. Ihr radelt auf der Neustraße weiter bis zur Einmündung auf die Hauptstraße (B 412), wo ein Hinweisschild den Weg nach Niederzissen weist. Direkt an dieser Ecke ist ein kleiner Parkplatz, wo Ihr Eure Räder abstellen könnt. In der Gaststätte „Bitte ein Bit" gibt es eine supergute Curry-Wurst und andere Leckereien. Denkt auch an das köstliche Wasser aus der Oberzissener Heilquelle, das natürlich gratis ist. Ihr solltet unbedingt davon kosten. Als erste Verschnaufpause keine schlechte Idee. Jetzt bietet sich auch die Gelegenheit, den Vulkanexpress von der Straße aus zu sehen, der zum Greifen nahe an Euch vorbeifährt. An der Straße nach Niederzissen verläuft ein Rad-Fußweg, den Ihr benutzen könnt. Alternativ dazu überquert Ihr die Straße und radelt auf einem Feldweg längs der Bahngleise bis zu den ersten Häusern. Dann müßt Ihr jedoch wieder auf den Rad-Fußweg einbiegen, der Euch auf der Brohlstraße bis Niederzissen begleitet. Direkt am Ortseingang befindet sich ein Parkplatz. Hinter diesem Parkplatz werdet Ihr auf ein Schild aufmerksam: *Brenk 5 km.*

Dort fahrt Ihr rechts hinein in die „Kapellenstraße" und gelangt so in die *Fußgängerzone*, die Ihr durchradelt. Sodann biegt Ihr nochmals rechts in die „Mittelstraße" und steht vor einer mächtigen Linde.

Linkerhand nimmt die „Horststraße" ihren Anfang, der Ihr bis zur „Klosterstraße" folgt. Dort befindet sich an einer Hauswand ein Hinweisschild *Geopfadroute – M* (das heißt *Mittleres Brohltal).* Diesem Hinweis folgt Ihr bergan, bis nach 300 Metern eine Bank in Sicht kommt. Hier bietet sich eine kleine Pause an, denn die Aussicht auf das Brohltal, die Vulkane und die Ruine Olbrück ist atemberaubend. Hinter Euch seht Ihr bereits die gewaltige Autobahnbrücke, die Ihr schon auf der Hinfahrt mit dem Zug unterquert habt. Jetzt fahrt Ihr mit dem Fahrrad darunter her. Rechts und links dehnen sich weitläufige Felder aus. Zahlreiche Blumen wie Glockenblume, Margerite,

Steinnelke, Echtes Löwenmaul und Steinklee bedecken die Wiesen mit dichten Teppichen, und in den Lüften schweben Bussard und Milan scheinbar schwerelos im warmen Aufwind. Kühe und Schafe liegen träge auf den Weiden und verdösen den Tag mit Wiederkäuen.

Wenn Ihr die Autobahn unterquert habt, müßt Ihr ein wenig aufpassen, aber das tut Ihr ja immer. Drei Wege stehen zur Auswahl, aber nur einer führt Euch in den nächsten Ort. Das ist der mittlere Weg, dem Ihr auf einer gut erkennbaren Fahr- und Trittspur durch Wiesen und entlang des Brohlbaches folgt. Erneut bietet sich die Gelegenheit zu einer Rast, denn in der freien Natur ein Picknick veranstalten ist doch eine ganz tolle Sache.

Nach gut einem Kilometer geht es durch Wiesen und Weiden halblinks bergab bis Ihr an einen Zaun gelangt. Der Weg verläuft jetzt rechts längs des Zauns ein wenig bergan. Gleich an der nächsten Abzweigung auf der Anhöhe biegt Ihr links ein in eine neugepflanzte kleine Allee. Es ist ein Wiesen- und Feldweg, der gut zu fahren ist. Diesem Weg folgt Ihr immer mit Blick auf das Brohltal bis zum Ort **Weiler.** Am Ende des Weges haltet Ihr Euch rechts und radelt an einem Bauernhaus vorbei direkt auf die Straße „Hohlweg". Der Ort Weiler gehört übrigens zu Burgbrohl, das eine wunderschöne Burg besitzt. Auf dem Hohlweg radelt Ihr links bis zur „Hauptstraße", in die Ihr dann rechts einbiegt. Diese Straße führt Euch durch Weiler-Burgbrohl, und Ihr kommt zur Gaststätte „Schwalbennest", die leckere Kirschpfannkuchen anbietet. Das wäre doch mal ein Grund, abzusteigen und ein Päuschen einzulegen. Die „Hauptstraße" führt weiter durch den Ort bis zur „Jahnstraße", der Ihr bergan folgt. Dann ist die kleine Steigung überwunden, und es geht weiter bergab bis zur „Bachstraße". Linkerhand befindet sich das Feuerwehrhaus – Ihr biegt rechts ein zum „Greimertalweg", dem Ihr links hinauf bis zum *Burgbrohlberg* nachfahrt. Direkt vor Euch an der Straße erhebt sich im Sonnenlicht die **Burg Brohl**, ein Gebäude, das teilweise noch aus dem Mittelalter stammt. Neben der Burg führt rechts die Straße talwärts. Achtet auch auf die *Wanderwegmarkierung B 1*, der Ihr folgen müßt.

Bergab radelt Ihr bis zur „Gleeser Straße", folgt dann der Straße links bis zu einer kleinen Brücke (dort steht eine mächtige Pappel), wo Ihr erneut links einbiegt in Richtung Vitumhof (bei der Kirche).

Dort heißt es wieder links auf die „Gleeser Straße" einfahren und dem Radfahrhinweisschild folgen (*weißes Rad auf grünem Grund*). Am Hotel „Zur Krone" gelangt Ihr auf die B 412 (Hinweisschild *Brohl-Lützing*) und einen Radweg, den Ihr rechts einbiegend befahrt. Einen Rat möchte ich immer mal wieder in Erinnerung bringen: macht so oft Pause wie Ihr könnt und wollt. In jedem Fall lohnt es sich, wenn Ihr Euch die kleinen Orte einmal genauer anseht. Es gibt viel zu entdecken, alte Schmieden, Brunnen, Steinmetzbetriebe, Museen und verwunschene Gassen, in denen die Märchen von früher zwischen den Mauern wispern.

Am Ortsausgang endet zunächst der Radweg in einer Kurve, aber Ihr braucht nicht auf die Straße. Rechterhand führt der Weg über drei Stufen auf einem Rad-Fußweg unterhalb der Straße weiter, so daß Ihr an der Metallwerkstatt vorbeifahrt, den Platz überquert und die nächste Brohlbachschleife erreicht. In der Kurve recken sich mächtige *Trass-Ablagerungen* in den Himmel, die Ihr aus allernächster Nähe betrachten könnt. Tiefe Höhlen legen Zeugnis ab von der Gewalt des Wassers, das sich in Jahrtausenden seinen Weg bahnte. Ihr folgt jetzt dem Straßenverlauf ca. 400 Meter und gelangt zum Gasthaus „Jägerheim", wo Ihr die Straße quert. Auf der anderen Seite liegt ein kleiner Autostellplatz, und dahinter führt ein Feldweg in das offene Brohltal.

Ihr werdet auf ein Schild aufmerksam: *Fischräucherei-Naturlehrpfad-Teichanlage.* Einen Besuch dieser Anlage solltet Ihr auf keinen Fall versäumen. Ganz versteckt liegt die Brohltalräucherei inmitten eines ehemaligen Trass-Steinbruches. In den Teichen beobachtet Ihr die Fische und seht dem Besitzer bei der Räucherarbeit zu. Außerdem gibt es dort einen Natur- und Steinlehrpfad, wo Ihr alles über das Brohltal und die Natur erfahren könnt. Und viele seltene Blumen, Schmetterlinge und Vögel sind dort zu sehen. Es ist wirklich ein uriger Ort, so mitten zwischen den Vulkanen, wo es außer schmackhaften Fischgerichten noch belegte Brote und eine kühle Limonade gibt. Ich könnte es stundenlang dort aushalten, denn dieser lauschig-verschwiegene Platz ist nur den Menschen bekannt, die die Natur wirklich gern haben. Aus diesem Grund hat der Besitzer auch nur an Wochenenden für kleine und große Besucher geöffnet. Unbedingt begrüßen solltet Ihr auch die älteste Eiche des Brohltals. Sie steht gegenüber vom Jägerheim und ist über 500 Jahre alt. Dort beginnt auch der Aufstieg in den *Geopfad Unteres Brohltal*, den zu begehen interessante Einblicke in die Vulkaneifel gewährt. Die idyllisch gelegenen Fischteiche, die Tuffsteinhöhlen gleich nebenan und der nahe Geopfad sind die schönsten Spielplätze für Euch Kinder, die ich im Brohltal gefunden habe. Hier gibt es in der Tat sehr viel zu entdecken und zu lernen.

Wenn Ihr nach diesen Entdeckungen hungrig und durstig seid, dann braucht Ihr Euch nur an die Tische neben den Teichen zu setzen. Viel Vergnügen und guten Appetit!

Schweren Herzens habe ich mich dann doch entscheiden müssen weiterzuradeln, und die letzten Kilometer bergab nach Brohl-Lützing zu fahren. Dieser Weg führt zwar längs einer Straße, aber da ist auch an Wochenenden nicht viel los. Schon ist das Ortsschild von Brohl-Lützing erreicht, noch 300 Meter bis zur Eisenbahnbrücke, und dann folgt Ihr dem Schild „Vulkan-Expreß". Auf direktem Weg fahrt Ihr so zum Bahnhof, der schon nach wenigen Metern erreicht ist. Ihr habt viel gesehen und viel erlebt und eine ganze Menge über die Vulkaneifel gelernt. Die schnaufenden Dampfrösser aber rollen in ihre „Ställe", wo sie sich für die nächste Fahrt ausruhen.

Und ich bin sicher, daß Ihr schon bald wieder mit Euren Eltern, Freunden und Fahrrädern unterwegs seid, denn wer einmal mit dem Vulkan-Expreß gefahren ist, den lassen die Vulkane, den läßt das Rattern der Räder und das stampfende Schnauben der „Dampfrösser" nicht mehr los.

Alles Gute bis zur nächsten Tour – Euer Freund und Pfadfinder Weißnicht

Wie kommt man nach Brohl-Lützing?

Mit der Bundesbahn. Es gibt keine bessere Verbindung, weil die Bahn in Brohl hält.

Mit dem Schiff der Personenschiffahrt Collée bis Brohl-Rheinanlagen. Die restlichen Meter kann man bereits mit dem Rad sehr gut zurücklegen.

Für die Autofahrer ist es die A 61, Anschlußstelle Niederzissen, dann über die B 412 bis Brohl-Lützing. Die B 9 von Köln über Koblenz bis Brohl-Lützing.

Weglänge:	23 km
Fahrzeiten:	Siehe Fahrplan der IBS e. V., sonst dienstags, donnerstags, samstags und sonntags sowie an Feiertagen. Die Fahrsaison beginnt normalerweise an Ostern und endet mit den Weihnachtstagen. Sonderveranstaltungs-Fahrten werden auf Wunsch ebenfalls durchgeführt.
Auskünfte:	Brohltal-Schmalspureisenbahn Betriebs GmbH, Niederzissen, Fahrplanansage, Telefon 0 26 36/8 50 00 Vulkan-Expreß, Niederzissen, montags bis freitags von 8.00 bis 12.00 Uhr, Telefon 0 26 36/8 03 03, Telefax /8 01 46 Personenschiffahrt Collée PCN Neuwied, Telefon 0 26 31/7 64 58

Einkehrmöglichkeiten: „Bitte ein Bit" in Niederzissen, „Schwalbennest" in Burgbrohl, „Jim Knopf" in Burgbrohl (direkt am Bahngleis, Telefon 0 26 36/47 45), Brohltalräucherei (hinter dem Jägerheim), „Station Bad Tönisstein" (Martin Übener, Telefon 0 26 32/8 36 65)

Tips:
Puppenmuseum in Bad Breisig, nur wenige Minuten von Brohl entfernt;
Märchenwald in Bad Breisig, Telefon 0 26 33/85 34
Thermalschwimmbad in Bad Breisig, Telefon 0 26 33/9 70 71

Kartenempfehlungen:
1 : 25 000 Eifelverein, Wanderkarte Nr. 10 (unbedingt neueste Ausgabe verlangen), das Brohltal
1 : 100 000 Landesvermessungsamt Rheinland-Pfalz, Blatt West und Ost, Radwandern in Rheinland-Pfalz
1 : 100 000 Haupka, Deutsche Radtourenkarte, Eifel-Mosel-Ahrtal

Der Maar-Achter – die Vulkankraterseen bei Daun

Guten Morgen allerseits. Ich freue mich riesig, Euch wieder begrüßen zu können. Heute besuchen wir wieder die Vulkaneifel, und zwar die Dauner Maare. Die heißen deshalb so, weil sie in unmittelbarer Nähe zur Stadt Daun liegen. Der Name leitet sich aus dem keltischen „duron" ab. Das war früher ein befestigter Platz, von dicken Holzwänden umgeben. Wenn wir Daun und seine Maare besuchen, werden wir davon nichts mehr finden, außer im Museum. Aber eine tolle Burg hat Daun, und die steht mitten auf einem Basaltkegel. Da ist vor Jahrtausenden Lava ausgetreten und erkaltet. Die Dauner Bürger leben somit auf dem Vulkan. Und Heilquellen gibt es natürlich auch in Daun. Davon solltet Ihr unbedingt kosten – gratis natürlich. Bevor es jedoch soweit ist, setzen wir uns wie immer zuerst auf die Räder – und los geht es.

Ihr werdet noch ein anderes großes Maar kennenlernen, das größte der Eifel und diesseits der Alpen – nämlich den Lacher See. Diesen Kratersee, seine Entstehung und seine Auswirkungen auf die Eifel, werde ich Euch ganz genau in Tour 12 erklären. Nur soviel sei gesagt: die Dauner Maare sind einzigartige natürliche Kostbarkeiten, hervorgegangen aus dem Eifelvulkanismus. Daher solltet Ihr behutsam und schonend die Seen und ihre Umgebung erkunden, so wie Ihr das auf Euren Radtouren immer macht. In zwei Kraterseen könnt Ihr schwimmen und Boot fahren, was ein herrliches Vergnügen ist.

Also Freunde, der Start dieser Radtour ist der **Parkplatz** am **Weinfelder Maar**. Dort befindet sich auch gleich eine Schautafel, auf der Ihr alles über die Eifelmaare erfahrt. Vom Parkplatz aus fahrt Ihr gleich auf den *Oberen Maarrundweg (Vulkanweg Zeichen V),* der sich wie ein Ring um den Krater windet. Von diesem Weg aus habt Ihr einen phantastischen Aus- und Einblick in den See, der im Sonnenlicht glitzert. Wie alle Maarseen, ist auch dieser See streng geschützt und gehört zum *Naturpark Eifelmaare.* Ihr folgt dem Rad-Wanderweg zunächst ein wenig bergab, dann jedoch wieder bergan. Von Zeit zu Zeit werdet Ihr die Räder ein wenig schieben müssen. Dadurch könnt Ihr die Natur noch intensiver genießen und erkennen. Ihr gebt natürlich acht auf Wanderer und nehmt besondere Rücksicht auf Fußgänger, die diesen Weg wie Ihr benutzen.

Die Aussicht vom Höhenweg ist wirklich einmalig und findet sich in der Eifel kein zweitesmal. Zahlreiche seltene Blumen und Pflanzen stehen in den Hangwiesen und am Wegesrand. Ihr Duft ist sehr intensiv und lockt die Bienen zu Hunderten an.

Höhle im Vulkangestein

Wacholderheide breitet sich aus, und in den windgeschützten sonnigen Lagen blüht bereits in dichten Teppichen der wohlriechende Thyminan. Aber auch Steinklee, Andorn, Natternkopf, Kronenwicke und Wiesenflockenblume recken ihre Blütenköpfe dem Licht entgegen. Und Schmetterlinge könnt Ihr wieder bestimmen, so den Kleinen Fuchs, den Admiral, den Schachbrettfalter und den Eisvogel. Wie Ihr seht, ist eine Radtour durch die Eifel immer ein ganz besonderes Erlebnis. Jetzt müßt Ihr einen Augenblick acht geben, denn Ihr gelangt zu einer Weggabelung. Dort biegt Ihr rechts bergab in Richtung Weinfelder Kirche, die auf der anderen Seite des Maares auf dem Kraterrand steht und in strahlendem Weiß leuchtet.

Ihr könnt natürlich auch den Abstecher zum *Dronke-Turm* machen, was ich Euch nur empfehlen kann. Dazu nehmt Ihr den ausgeschilderten Weg bergan und habt nach 400 Metern den *Aussichtsturm* erreicht. Weit geht der Blick hinaus in die wundervolle Eifellandschaft, und es kostet wirklich Überwindung, sich von diesem Ausblick zu trennen.

Wir radeln auf dem *Rad-Wanderweg AE – V* wieder bergab bis zu einer Bank, wo sich eine Rast anbietet. Auch hier genießt Ihr die Sicht auf den See und die Stille der Landschaft. Auf der anderen Seite des Maares befindet sich ein *Segelflugplatz*, und wie von Geisterhand erheben sich die Flieger lautlos in die Lüfte. So wie die Libellen, die Euch zu Dutzenden wie fliegende Edelsteine umschwirren. Nun habt Ihr die **Weinfelder Kirche** erreicht.

Klein und gedrungen steht die Kirche inmitten von Bäumen und Büschen. Erbaut wurde sie um 1723 und ähnelt einer Burg. Wehrkirchen nennt man diese Gebäude, denn die Menschen der Umgebung fanden in Notzeiten darin Schutz. Um das Weinfelder Maar ranken sich einige Sagen und Legenden. So soll vor langer Zeit hier der Ort Weinfeld gestanden haben. Aber niemand weiß, wo die Häuser und Menschen geblieben sind. Sie verschwanden über Nacht für immer. Einige sagen, das Dorf sei wegen seiner Bewohner und ihres lockeren Lebenswandels ins Maar gerutscht. Andere behaupten, die Pest habe die Menschen dahingerafft. Anschließend wurde das ganze Dorf verbrannt. Und dann gibt es noch die Legende von Pontius Pilatus, der auf seiner Pilger- und Büßerreise an das Weinfelder Maar gelangte. In Erinnerung an seinen Schuldspruch über Christus wurde er von so starken Reuegefühlen geplagt, daß er sich in das Maar stürzte. Seit jener Zeit heißt das Weinfelder Maar auch Totenmaar. Und tatsächlich, das Maar verharrt in einer unergründlichen Stille und Schweigsamkeit. Nur einmal im Jahr, an Allerseelen, wenn die frühen Nebel ihre feinen Schleier weben, vernimmt der Wanderer manchmal ein helles Klingen und feines Wispern. Das ist die Glocke der alten Weinfelder Dorfkirche, die aus dem Maar zu den Menschen ruft, und die Seelen der Verstorbenen klagen ihr Leid den Lebenden. Vielleicht habt Ihr ja Glück auf Eurer Radwanderung und lauscht dem Klang der Glocke.

Jedenfalls ist der Platz um die Kirche ein sehr idyllischer Ort, wo Ihr Euch prima ausruhen könnt. Bänke und Tische stehen unter schattigen Bäumen, die Vögel trällern in den Zweigen, und die Luft ist erfüllt vom Gesumme der Insekten.

Nach dieser erholsamen Rast radeln wir bis zur *Barriere*, die wir umfahren. Wir biegen auf den *Unteren Maarrundweg* ein. Der ist nicht ganz so breit wie der Höhenweg, aber genauso schön. Auch hier müßt Ihr auf Wanderer achtgeben. An der Einbiegung am Seeufer haltet Ihr Euch rechts und folgt nun dem Weg, der sich wie eine Schlange längs des Ufers an Bäumen und Büschen vorbeiwindet. Nur eine Armlänge trennt Euch vom erfrischenden Naß – doch aus Gründen des Naturschutzes ist das Baden im See nicht erlaubt. Aber die Hände und das Gesicht dürft Ihr Euch schon erfrischen. Das Wasser ist so klar und rein, daß Ihr es auch trinken könnt. Ich nehme mir immer Brausepulver mit und einen Trinkbecher. Daraus wird dann mit dem Maarwasser ein köstliches Getränk. Ehrenwort. Besonders an jener Stelle, wo eine *Bank* und *Schutzhütte* zur Rast einladen. Wenn Ihr Euch ausreichend gestärkt habt, kann es weitergehen. Zuweilen ist es ratsam, das Fahrrad zu schieben, da der Weg recht schmal ist und Ihr entgegenkommende Fußgänger nicht immer rechtzeitig sehen könnt. Doch dann weitet sich der Weg, und vor Euch liegt eine wunderschöne Wiese mit einer herrlichen Aussicht auf den Kratersee. Hier kann man in der Sonne liegen, sich am Seeufer erfrischen oder unter großen Bäumen den Mittagsschlaf halten. Ihr solltet auf alle Fälle die Gelegenheit zum Plantschen nutzen, die sich am seichten Ufer bietet. Jetzt haben wir den See fast umrundet und gelangen an die Einmündung zum Rad-Wanderweg, der uns aus dem Krater hinaus und zurück auf den Parkplatz führt.

Aber hier ist diese Tour nicht zu Ende, im Gegenteil, sie beginnt jetzt erst richtig. Auf der anderen Seite der Straße seht Ihr in den Fahrbahn-Begrenzungsleitblechen eine Öffnung. Dort beginnt der *Rundweg 5*, über den Ihr zum *Schalkenmehrener Maar* gelangt. Das liegt gleich gegenüber des Weinfelder Kratersees und ist nicht weniger schön. Der Weg schlängelt sich sanft aber stetig bergab, vorbei an einer kleinen Kapelle mit einer Sitzbank. Dann teilt sich der Weg und wir nehmen die halblinke Abzweigung. Immer wieder findet sich zwischen den Büschen und Bäumen die Gelegenheit zu einem Ausblick auf den See. Jetzt radelt Ihr in den Weinfelder Weg ein bis zur „Hauptstraße" und biegt dann links ein in den Ort Schalkenmehren. Gleich hinter dem Hotel und Restaurant „Schneider", wo es super Essen und Trinken gibt, zeigt eine *Hinweistafel* den Weg zu: *Maar, Minigolf, Freibad* und *Bootsverleih*. Rechterhand liegt der Campingplatz und gleich daneben das Freibad. Dann fahrt Ihr auf einem ganz tollen

Rad-Wanderweg rund um das Schalkenmehrener Maar. Wie Spielzeuge wirken die kleinen Häuser am Ufer des großen Sees.

Der Gewässerrand ist dicht gesäumt von Schilf, und der Fischer rudert mit seinem Boot zu den Stellnetzen und Reusen. Angler sitzen unter mächtigen Weiden und Pappeln und vertrauen auf ihr Glück. Genießt die wundervolle Landschaft und erfreut Euch an den vielen Blumen und Tieren, die Euch auf jedem Meter Eurer Rad-Wandertour begleiten. Fleißige Bauern betreiben Feldwirtschaft, denn das Klima im Krater ist sehr warm, und die Pflanzen werden durch die Berghänge vor kalten Winden geschützt. Ihr fahrt jetzt im Inneren des Vulkankraters und bekommt so einen Eindruck von der früheren Größe des Schlotes. Die Vulkane waren ja viel mächtiger und gewaltiger als die heutigen Kratermaare. Daran solltet Ihr immer denken, wenn Ihr durch die Vulkaneifel radelt. Jetzt nähert Ihr Euch Schalkenmehren und erreicht den Bootsverleih. Ich kann Euch sagen, so eine Bootsfahrt auf dem Vulkansee ist eine coole Sache. Oder im Kratersee schwimmen gehen. Das solltet Ihr Euch aber aufheben für das Tourende. Dann macht es noch mehr Spaß. Über den „Pfarrer-Konter-Weg" gelangt Ihr zur „Hauptstraße", der Ihr rechts ein Stück folgt. Dann steht Ihr vor dem *Heimwebereimuseum*, das eine Besichtigung lohnt. Über die „Mehrener Straße" radelt Ihr zur „St.-Martin-Straße" und gelangt so auf den *Radweg 32/33,* dem Ihr durch den Ort folgt. Zur Rechten bietet sich ein Besuch der Sternwarte *Hoher List* an. Dazu solltet Ihr aber auf jeden Fall in Schalkenmehren übernachten, denn der nächtliche Sternenhimmel über der Vulkaneifel ist ein tolles Erlebnis. Zur Linken seht Ihr ein altes *Fachwerkhaus*, auf dessen Balken lustige Sprüche stehen. Lest sie Euch in Ruhe durch und radelt dann weiter bergan auf *Udler* zu. Jetzt befahrt Ihr den *Rundweg 4* und folgt dem Hinweisschild *Auf Sangweiher*. Linkerhand werdet Ihr auf die ehemalige Eisenbahnstrecke aufmerksam, die zur Freude aller Radfahrer in einen Radweg umgewandelt wird. Dann könnt Ihr von Gerolstein gemütlich und ohne Steigung bis nach Daun und noch weiter radeln. Auf alle Fälle werde ich davon berichten, wenn es soweit ist. Wir haben jetzt den Höhenrücken erreicht und genießen die Fernsicht, die wirklich einmalig ist. Eine Zeitlang seht Ihr zu Eurer Linken *Sangweiher* liegen, eine Hochmoorlandschaft mit eingebetteten Teichen und Weihern, die zahlreichen Wasservögeln und Insekten einen Lebensraum bieten. Bald heißt es rechts abbiegen am Hinweisschild *Zu den 3 Buchen*. Durch eine phantastische Wiesen- und Weidelandschaft führt unsere Tour über einen sehr gut zu fahrenden Waldweg. Am Hochstand gelangt Ihr an eine Wiese, wo sich ein Picknick geradezu anbietet. Dann erreicht Ihr das Naturdenkmal **Zu den 3 Buchen**. Leider stehen nur noch zwei dieser ehrwürdigen, alten Bäume. Eine Buche wurde müde und hat sich zu einem langen Schlaf in den Wald gelegt. Es ist ein sehr schönes Gefühl, so eine alte Pflanze zu berühren, die schon geblüht hat, als es noch keine Dampfmaschine und Eisenbahn gab. Nach einem kleinen Anstieg gelangt Ihr zu einer Wegkreuzung, wo Ihr rechts einbiegt auf den *Rundweg 4 (Hinweisschild).*

Bald gelangt Ihr an eine weitere Einmündung gegenüber einer Sitzbank. Dort biegt Ihr nochmals rechts ab. Über diesen Weg radelt Ihr bis ins Tal, das Euch erneut eine beeindruckende Fernsicht schenkt. Schließlich gelangt Ihr an eine Einmündung auf den Asphaltweg, den Ihr ja schon von der Hinfahrt kennt. Auf diesem Weg fahrt Ihr nun zurück in den Ort Schalkenmehren. Ihr folgt der Hauptstraße bis zum „Weinfelder Weg" und seid schon auf dem *Maar-Rundweg Nr. 5*, der Euch hinauf zum Parkplatz geleitet. Ihr habt den *„Maar-Achter"*, so habe ich diese Tour genannt, mit Bravour gemeistert.

Jetzt habt Ihr Euch eine zünftige Erfrischung verdient. Dazu bietet sich das Schwimmbad in Schalkenmehren an, aber ich habe eine noch bessere Idee. Es gibt nämlich noch ein drittes Maar, das Gemündener Maar im Tal bei Daun. Und dieses Maar ist ein ganz tolles Freibad in einer herrlichen Naturlandschaft. Für mich gibt es kein größeres Vergnügen, als nach einer Radtour durch die Vulkaneifel ausgiebig im Kratersee zu schwimmen. Und ein Café findet Ihr dort auch, mit köstlichem Eis und sehr leckeren Getränken. Na – ist das nicht ein sehr guter Vorschlag?
Viel Vergnügen Mädels und Jungens, liebe Eltern – und bis zum nächstenmal.

Euer Rad-Wanderfreund und Pfadfinder Weißnicht

i

Wie kommt man nach Daun?
Am besten mit der DB von Köln über Euskirchen-Gerolstein oder Trier-Köln.
Sonst die A 48 Koblenz-Trier Abfahrt Daun-Mehren. Dann den Wegweisern folgen.

Weglänge: 19 km

Heimwebereimuseum Schalkenmehren

Öffnungszeiten:	Juni bis September	
	samstags	15.00 – 17.00 Uhr
	sonntags	10.00 – 11.00 Uhr
	und	15.00 – 17.00 Uhr

Auskünfte: Telefon 0 65 92/40 85 und /93 91 78

Freibäder

Gemündener Maar

Öffnungszeiten:	auf Anfrage, da wetterabhängig		
Eintritt:	Erwachsene	DM	6,50
	Jugendliche	DM	5,00
	Kinder	DM	3,50

Schalkenmehren

Öffnungszeiten:	auf Anfrage, da wetterabhängig (in der Saison Juli/August durchgehend)		
Eintritt:	Erwachsene	DM	6,50
	Jugendliche	DM	5,00
	Kinder	DM	3,50

Vulkanmuseum Daun

Öffnungszeiten:

1. April bis 31. Oktober
dienstags bis freitags 13.00 – 16.30 Uhr
samstags, sonn- und feiertags 11.00 – 16.30 Uhr
montags geschlossen
1. November bis 30. November und 1. März bis 31. März
mittwochs bis freitags 14.00 – 16.30 Uhr
samtags, sonn- und feiertags 11.00 – 16.30 Uhr
montags und dienstags geschlossen
zusätzliche Öffnungstage:
26. Dezember bis 30. Dezember, 1. Januar bis 11. Januar, Faschingswochenende freitags bis dienstags

Hirsch- und Saupark Daun (Deutsche Wildstraße) mit Natureum (Ausstellung für Natur und Umwelt)

Öffnungszeiten:

2. März bis 31. Oktober 9.00 – 18.00 Uhr
1. November bis 1. März 9.00 – 16.00 Uhr
(außer bei Eis und Schnee)

Eintritt:

Wildpark mit Erlebnisbereich:

Erwachsene	DM	6,50
Kinder (4 bis 15 J.)	DM	4,50

	Gruppen ab 20 Erwachsenen	DM 5,50
	Gruppen ab 15 Kindern	DM 3,50
	Erlebnisbereich:	
	Erwachsene	DM 3,00
	Kinder (4 bis 15 J.)	DM 2,00
	Gruppen ab 20 Erwachsenen	DM 2,50
	Gruppen ab 15 Kindern	DM 1,50

Bei Familien ab 2 Kindern ermäßigen sich die Eintrittspreise.

Führungen: Falls Gruppenführung erwünscht, bitte beim Hegemeister unter Telefon 0 6 92/31 54 oder /15 00 anmelden.

Auskünfte: Vulkaneifel Touristik & Werbung GmbH, Telefon 0 65 92/9 33-2 00

Vulkanmuseum

Eintritt:	Erwachsene	DM 4,00
	Jugendliche	DM 3,00
	Kinder (4 bis 15 J.)	DM 2,00
	Familienkarte	DM 10,00
	Gruppen ab 15 Personen:	
	Erwachsene	DM 3,00
	Kinder	DM 1,50

Auskünfte: Forum Daun, Info-Center, Telefon 0 65 92/9 39-1 85

Auskünfte: Forum Daun Info-Center,
Telefon 0 65 92/9 39-1 85,
Telefax /93 91 89
Vulkaneifel Touristik,
Telefon 0 65 92/93 32 00,
Telefax /93 32 50
Kur- und Verkehrsamt,
Telefon 0 65 92/93 91 77,
Telefax /93 91 89

Einkehrmöglichkeiten: Gaststätte-Hotel Schneider in Schalkenmehren, Landgasthof Michels, Café Maarblick,

Restaurant Stadt Daun in Daun, Zum Goldenen Fäßchen in Daun, Gaststätte Waldhaus Hirschberg, Hirsch- und Saupark

Tips:
Ein Besuch der Sommerrodelbahn beim Hirsch- und Saupark. Benutzung im Preis „Erlebnisbereich" eingeschlossen. Großer Abenteuerspielplatz im Hirschpark mit vielen Überraschungen.
Besuch der Glockengießerei Mark in Brockscheid nahe Daun.
Besuch des Segelflugplatzes am Weinfelder Maar. Weitere Maare warten, so das Immerather-, das Holz- und das Pulvermaar.
Besonders empfehlenswert ist die Besichtigung der Sternwarte „Hoher List" bei Schalkenmehren und die Lavabombe bei Strohn.
Genießt auch die Mineralbrunnen in Daun, Wallenborn und Steinborn.

Kartenempfehlungen:

1 : 50 000	topographische Karte des Landesvermessungsamtes Rheinland-Pfalz, Daun-Vulkaneifel
1 : 100 000	Radwandern in Rheinland-Pfalz, Blatt West, Landesvermessungsamt Rheinland-Pfalz

11 Wo der Ozean rauschte und die Vulkane tobten

Eine Rad-Bahn-Wanderung zwischen Gerolstein und Kyllburg

Meeresbrandung in der Eifel? Tropische Fische und Palmen? Feuerspeiende Vulkane? Und das alles in der Eifel? Ja, liebe Kinder, so könnte ein Science Fiction Film beginnen, wenn es nicht wirklich so gewesen wäre. In der Tat, wo ich Euch und Eure Eltern mit dieser Tour hinführe, tummelten sich im Devon, das liegt ungefähr 350 Millionen Jahre zurück, unzählige Meerestiere in warmen Fluten. Dazu eine üppige Flora und ein allzeit reich gedeckter Tisch. Das war fürwahr ein paradiesisches Leben. Ein ständiger Strom an Nahrung und organischen Abfallstoffen sank auf den Grund des Ozeans. Über Millionen von Jahren häuften sich die kalkhaltigen Überreste von unvorstellbar vielen Organismen an. Daraus erwuchsen gigantische Unterwassergebirge. Doch was hätte uns das genutzt, wäre alles so geblieben, wie es war. Zunächst änderte sich das Weltklima, der Urkontinent teilte sich. Dadurch versanken bislang trockene Gebiete im Meer, andere wiederum stiegen aus den Fluten empor. So auch Teile Europas. Diese Hebungen und Senkungen waren begleitet von gewaltigen Erdbeben, die die Erdkruste erneut formten, preßten und vielfältig gestalteten. Aber damit nicht genug. Nachdem nun der ehemalige Meeresboden – und damit auch die Korallenriffe und Muschelkalkgebirge – das Licht der Welt erblickt hatten, setzte die Natur nach Jahrmillionen erneuten Wartens noch eins drauf. Die Eifel und andere Teile Europas wurden zum Schauplatz unvorstellbarer Gewalten, denn mehr als 200 Vulkane (allein in der Eifel) öffneten ihre todbringenden Schlünde und spieen Asche, Lava und giftige Gase über das Land. Die Verwüstungen müssen unvorstellbar gewesen sein, aber dadurch wurde die Bahn frei für eine Entwicklung, die zu dem führte was wir heute als „Die Vulkan-Eifel" bezeichnen. Auf Eurer Rad-Bahn-Wandertour werdet Ihr die sowohl das Korallenriff als auch die Lava- und Basaltbrüche kennenlernen, zahlreiche Höhlen entdecken und so manchen guten Schluck aus einer der vielen Mineralquellen kosten. Gratis natürlich.

Der Ausgangspunkt dieser Wanderung ist die Stadt **Gerolstein** im Herzen der Vulkaneifel, aus der auch der erfrischende Gerolsteiner Sprudel kommt. Schon von weitem seht Ihr die im Sonnenlicht fast weiß schimmernden Kalkfelsen, die sich wie eine riesige Mauer hinter der Stadt erheben. Dort seid Ihr genau richtig, denn hier befindet Ihr Euch auf ehemaligem Meeresboden. Nur ein wenig die Augen geöffnet, und Ihr entdeckt Fossilien (Muscheln, Schnecken, Krebse) in allen Formen und Farben.

Besonders schöne Exemplare sind im Museum der Stadt zu besichtigen. Den besten Aufstieg auf das Riff habt Ihr von der Straße „Unter den Dolomiten". Dort geht es über den *Vulkanwanderweg V 12/89* immer längs der Dolomitenwand hangaufwärts durch dichten Eichen- und Buchenwald, bis Ihr auf dem Plateau Munterley angelangt seid. Von dort habt Ihr im wahrsten Sinne des Wortes Fernsehen in Naturform. Weit geht der Blick ins Land und entschädigt für alle Mühen. Aber damit geben wir uns natürlich nicht zufrieden. Nur rund 500 Meter entfernt im Rücken der Steilwand findet Ihr die Höhle **Buchenloch**, in der vor und nach der Eiszeit frühzeitliche Menschen lebten. Hinweisschilder zeigen Euch genau den Weg dorthin. Teilweise wild zerklüftet sind die Steilhänge auf dem Weg, wo sich allerlei Getier und viele seltene Pflanzen einfinden. Die Buchenlochhöhle erreicht Ihr über eine Holztreppe mit Plattform, an der eine Schautafel Euch ganz genau über die Entstehung informiert. Vor und nach der Eiszeit lebten hier Menschen. Man weiß das von den vielen Dingen, die bei Ausgrabungen zu Tage kamen. Nicht entgehen lassen solltet Ihr Euch die Besichtigung der keltisch-römischen Kultstätte *Juddekirchhof*, die Ihr nach Eurer Wanderung durch das Naturschutzgebiet Munterley und Papenkaule finden werdet. Hinter dem Krater Papenkaule seht Ihr im offenen Gelände das steinerne Rechteck der Einfassung. Eine schöne Wanderung, die Ihr aber auch mit dem Fahrrad durchführen könnt. Interessant ist in jedem Fall ein Besuch der Gerolsteiner Museen. Da Ihr das alles nicht an einem Tag sehen und erleben könnt, wäre ein Wochenende so richtig geeignet, die Vulkaneifel um Gerolstein zu erkunden. Wenn Ihr Euch ausgiebig auf der Munterley und im Naturschutzgebiet umgeschaut habt, ist eine Verschnaufpause schon recht. In einer nahegelegenen Grillhütte könnt Ihr Euer Mittagessen zubereiten, während der Blick weit hinaus geht in das Eifelland, wo einst die Fluten des Ozeans schäumten und die Vulkane tobten.

Nach Eurer Vesperpause und dem Abstieg solltet Ihr unbedingt die Stadt näher kennenlernen. Da gibt es ein römisches *Museum Villa Sarabodis* (im ehemaligen Erholungsheim der Kaiserswerther Schwestern) und das *Naturkundliche Museum* (Altes Rathaus) und – in dem kleinen Nachbarort Neroth – ein *Mausefallenmuseum* (in der historischen Schule). Kalkhaltiger Boden ist eben fruchtbar, und das lockte schon zur Römerzeit die Mäuse an. Doch nach soviel Museum schwirrt mir immer der Kopf und dann gibt es nur eins – hinaus in die frei Natur – oder hinein ins Schwimmbad. Beides ist in und um Gerolstein ausreichend vorhanden. Die Eifel ist ein Wasserland. Allenthalben Seen, Flüsse, Teiche und – die Maare. Nach Herzenslust baden und Boot fahren könnt Ihr im Stausee bei Gerolstein. Oder im Kinderschwimmbad des Feriendorfes Felsenhof Runden drehen. Und natürlich im Hallen- und Freibad der Stadt Gerolstein, wo das

Wasser 28° Celsius und mehr haben kann. Zu jeder Jahreszeit und an jedem Tag.

Wenn Ihr richtige Adler fliegen sehen und echte Wölfe heulen hören wollt, dann seid Ihr auf der *Kasselburg* richtig. Die liegt nur einen Katzensprung entfernt von Gerolstein. Vom Plateau auf der Munterley habt Ihr die mächtigen Türme bereits entdeckt. Und genau in dieser Burg befindet sich der berühmte *Adler-* und *Wolfspark.* Der Besuch ist ein richtiges Abenteuer, das Ihr Euch nicht entgehen lassen solltet. Auge in Auge mit Wölfen und Adlern. Da kribbelt es auf der Haut und Ihr tretet gerne ein paar Schritte zurück. Mit dem Fahrrad sind es nur vier Kilometer durch Wald und Feld.

Dazu fahrt Ihr einfach aus Gerolstein heraus über die „Hauptstraße" und „Am Daasberg" in Richtung Gees, biegt dann einen Kilometer vor Gees links ab auf Pelm zu. Dabei kommt Ihr an einigen Mühlen vorbei, überquert die B 410 und die Eisenbahn und fahrt über eine ruhige Nebenstraße direkt hinauf zur Kasselburg. Ihr könnt auch die B 410 nehmen, aber da fahren schrecklich viele Autos, und das macht gar keinen Spaß.

Nach diesem ersten Ausflug zu Rad geht es am nächsten Tag weiter. Zu uralten Bäumen, eisigen Höhlen und einer mächtigen Burg. Ihr habt richtig gehört – eisige Höhlen. Im Sommer, und das in der Eifel. Nun, daran solltet Ihr Euch gewöhnen, die Eifel ist ein Land voller Überraschungen und Geheimnisse. Und ich habe einige für Euch herausgefunden, die wir jetzt gemeinsam entdecken.

Wie Ihr wißt, gibt es in Gerolstein einen Bahnhof. Dort fahren Züge ab, durch die Eifel bis nach Trier. Und diese Züge solltet Ihr nutzen, so oft Ihr wollt. Denn dort könnt Ihr Euer Fahrrad kostenlos mitnehmen. Und den Familienhund. Ich habe das ausprobiert und kann Euch sagen – echt cool. Natürlich fahren wir auch mit dem Rad, aber die Straße von Gerolstein nach Kyllburg hat nicht überall Radwege. Und da, wo keine Radwege sind, da nehmen wir die Bahn. Ist doch ein schöner Zug – findet Ihr nicht?

Wenn Ihr soweit seid, können wir losfahren. Das erste Ziel unserer Fahrt heißt *Birresborn.* Auf dem Weg dorthin kommt Ihr auch an der *Lindenquelle* vorbei, einem alten Brunnenhaus aus dem 19. Jahrhundert. Gleich hält der Zug – Birresborn ist erreicht. Ihr schnappt Eure Räder und auf geht's. Zunächst auf der „Gerolsteiner Straße" lang, dann in die „Kopper Straße" hinein und gleich an dem Holzwegweiser mit den Schildern *„Eishöhlen"* und *„Adam und Eva"* links. Diesen Schildern folgt Ihr nun bergan über die „Fischbachstraße". So gelangt Ihr auf den *Wanderweg 1, 2, 3 (schwarzes Dreieck)* bis zu einer *rot-weißen Barriere.* Linkerhand seht Ihr am Hang einen Grillplatz mit Getränkeausschank. Von der Absperrung, gilt nur für Autos, bis zu den Eishöhlen sind es noch 1,4 Kilometer.

Jetzt wollt Ihr natürlich wissen, wer Adam und Eva sind. Ihr kennt die beiden sicher aus der Bibel. Im Birresborner Wald stehen zwei uralte, 30 Meter hohe Kiefern. Und weil die beiden so alt sind und ein Paar bilden, hat man sie Adam und Eva getauft.

Der Waldweg gabelt sich nach einer Weile. Ihr radelt linkerhand bergan und müßt nochmals in die Pedale treten, um zu den Kiefern zu gelangen. Danach auf dem gleichen Weg zurück und auf geradem Weg direkt in Richtung **Eishöhlen**, die einige Meter entfernt vom Weg in einer mächtigen Steilwand liegen. Aber denkt daran, Euch warm anzuziehen, denn die Höhle ist voller Eis – und glatt! Genutzt wurden Eishöhlen zur Einlagerung von Eis, das im Winter reichlich vorhanden war. Aber damals gab es noch keine Gefrierschränke, um das Eis haltbar zu machen. So kamen die Leute auf die Idee, das Eis in die Höhlen zu packen – und siehe da, es hat funktioniert. Das ganze Jahr über gab es jetzt Eis für jeden Zweck.

Wenn Ihr durchgefroren seid und rote Nasen habt, solltet Ihr Euch schnell aufs Fahrrad setzen und durch die Sonne zurück nach Birresborn fahren. Der Name Birresborn bedeutet Bitter Quelle, und hat einen sehr alten Ursprung. Schon zur Römerzeit wußten die Menschen um die heilende Kraft dieses Wassers. Am Ortsrand befindet sich die schön gefaßte Quelle, aus der Ihr unbedingt kosten solltet.

Nach diesem ersten Ausflug steigt Ihr in Birresborn erneut in den Zug, der Euch durch das wunderschöne Kylltal bis Kyllburg bringt. Natürlich könntet Ihr unterwegs auch in anderen Orten aussteigen, aber dann müßtet Ihr mit dem Fahrrad auf einer verkehrsreichen Straße fahren, und das wollen wir doch vermeiden. Auf dem Weg dorthin kommt Ihr an den bekannten Basalt- und Lavabrüchen vorbei, wo das wertvolle Gestein im Tagebau gewonnen wird. Dann endlich – **Kyllburg**. Gegenüber vom Bahnhof in Kyllburg fließt die Kyll. Und an deren Ufer steht ein Gasthaus, dessen Fenster bis ans Wasser reichen. Da gibt es köstliche Pizza und ein phantastisches Eis. Und noch etwas gibt es in Kyllburg: einen Radweg, der Euch durch den Ort nach *Malberg* führt. Das liegt einen Kilometer entfernt und besitzt eine prachtvolle Burg, die auf einem Buntsandsteinfelsen thront. Die lohnt es sich auf alle Fälle anzuschauen. Überall seht Ihr mächtige Felsen, und einige ragen bedrohlich nahe an die Häuser heran, was die Bewohner jedoch überhaupt nicht stört. Nach ausgiebiger Erkundung des alten Ortes und seiner Burg radelt Ihr zurück

Burg Malberg

nach Kyllburg, steigt jedoch nicht in den Zug, sondern fahrt auf einer ruhigen Landstraße in Richtung *St. Thomas.* Dieser Streckenabschnitt hält einige Steigungen bereit, die aber für Euch kein Problem sind. Dafür seht Ihr links und rechts in den Berghängen Tannen stehen, deren Umfang fast vier Meter beträgt und die über 200 Jahre alt sind. Dieser Teil der Kyllburger Waldeifel zählt zu den schönsten und wertvollsten im ganzen Eifelland. Dann habt Ihr es geschafft, und es geht zügig bergab, hinein in das offene Kylltal.

Zur rechten plätschert die Kyll in ihrem Bett und lockt mit einem kühlen Bad. Genießt das erfrischende Wasser, denn die Kyll ist flach, und idyllische Plätze zur Rast finden sich überall. Blumenreiche Wiesen erfreuen Euch, und nun habt Ihr Gelegenheit zu beweisen, wieviel Wiesenblumen Ihr bestimmen könnt. Da gedeiht der Wiesenknöterich neben der Großen Wiesenglockenblume, der Bocksbart wetteifert mit den Margeriten, und im Halbschatten des Auwaldrandes findet Ihr mit etwas Glück den Frauenschuh, eine heimische Orchidee. Gewaltige Buntsandsteinfelsen recken ihre im Sonnenlicht rotglühenden Leiber in den Himmel und verleihen dem Kylltal ein wild-romantisches Aussehen.

Das war nicht immer so. Ihr erinnert Euch an meine Worte von den Vulkanausbrüchen und dem Ozean. Denkt also daran, wenn Ihr durch diesen Teil der Eifel fahrt. In *St. Thomas* befindet sich das bischöfliche Priesterseminar, das im ehemaligen Zisterzienserinnenkloster untergebracht ist. Leider steht das Gebäude nicht für Besichtigungen zur Verfügung. Aber auch von außen ist der schmucke Bau aus dem 13. Jahrhundert sehr schön anzuschauen.

Bald habt Ihr **Densborn** erreicht, wo Ihr von der Straße auf die Schiene umsteigt. Dort wartet nämlich schon der Zug, der Euch direkt nach Gerolstein zurückbringt. Vorher wollt Ihr bestimmt noch Eure Reserven auffrischen. Dazu besucht Ihr das Gasthaus „Die Ecke", in der Nähe des Bahnhofs, wo es die leckersten Gerichte gibt.

Nach diesem ausgefüllten Tag tut die Bahnfahrt zurück nach Gerolstein so richtig gut. Zum Abschluß des Tages habt Ihr bestimmt noch einmal Lust aufs Schwimmbad – und dann warten schon die nächsten Abenteuer auf Euch, aber davon berichte ich in der nächsten Tour.

Bis bald. Euer Weißnicht

Träumt etwas Schönes – so wie ich!

Wie kommt man nach Gerolstein?
Am besten mit der Bundesbahn. Von Köln über Euskirchen oder Trier-Kyllburg.
Mit dem Auto: Von Norden über die A 1 bis Blankenheim-Hillesheim, dann weiter auf der B 257.
Von Osten-Südosten A 3 Frankfurt-Köln, A 61 Ludwigshafen-Koblenz, A 48 Koblenz-Trier, Abfahrt Ulmen/Mehren/Daun/Manderscheid.
Von Süden über die A 1 Saarbrücken-Trier, A 48 Abfahrt Ulmen/Manderscheid/Mehren/Daun.
Von Westen über die A 60 Lüttich-Prüm, dann B 410 bis Gerolstein:

Weglänge:	nur Fahrradstrecke: ca. 25 – 40 km, je nach Tourenplanung	

Kasselburg

Öffnungszeiten:	15. März bis 15. November	
	täglich	10.00 – 18.00 Uhr

Naturkundliches Museum

Öffnungszeiten:	sonntags und montags	14.00 – 17.00 Uhr
	dienstags bis donnerstags	10.00 – 12.30 Uhr
	und	15.00 – 17.00 Uhr
	samstags	10.00 – 12.00 Uhr
	und	14.00 – 17.00 Uhr
Eintritt:	Erwachsene	DM 4,00
	Kinder/Schüler	DM 1,50
	Familienkarte (1 Kind)	DM 8,50
	Familienkarte (2 und mehr Kinder)	DM 10,00

Museum Villa Sarabodis und Erlöserkirche

Eintritt:	Erwachsene	DM 2,50
	Kinder	DM 1,50
Führungen:	15. Mai bis 31. August	
	dienstags	15.00 und 16.00 Uhr
	mittwochs und samstags	10.00 und 11.00 Uhr

	1. September bis 14. Mai mittwochs 10.00 und 11.00 Uhr samstags 10.00 und 11.00 Uhr Für Gruppen ab 12 Personen sind Sonderführungen nach Vereinbarung auch zu anderen Zeiten möglich.
Kasselburg *Eintritt:*	Erwachsene DM 6,00 Jugendliche/Kinder (ab 4 J.) DM 4,00
Auskünfte:	Tourist-Information, Telefon 0 65 91/13 80 bis /13 84
Einkehrmöglichkeiten:	in Gerolstein „Restaurant-Café Brunnenstübchen", in Birresborn „Hotel Zur Krone", in Kasselburg „Café-Restaurant Adlerhorst", in Densborn „Gasthaus Zur Ecke", in Kyllburg „Zur Post", in Malberg „Schloß-Café"

Tip:
Besuch der Vulkan-Tuffsteinhöhlen bei Hohenfels-Essingen nahe Gerolstein. Dort wurden Mühlsteine aus dem Gestein geschlagen.
Ausflug zu den Eishöhlen bei Roth Gerolsteins auf dem Rother Kopf. Ganzjährige Vereisung – daher Vorsicht schon im Eingangsbereich!

Kartenempfehlungen:
1 : 100 000 Radwanderkarte Rheinland-Pfalz, Blatt West, Landesvermessungsamt Rheinland-Pfalz
örtliche Radwanderkarten
Karten der Wandervereine

12 Der größte europäische Kratersee diesseits der Alpen

Das Laacher Maar und die Felsenkeller der Vulkaneifel

Grüß Gott liebe Kinder, ich bin es wieder, Euer Weißnicht. Mit einer neuen Tour – ist doch klar. Und dazu noch eine ganz besondere, auf der Ihr viel sehen und erleben könnt. Ihr kennt Euch ja aus in der Vulkaneifel, seid schon richtige Eifelprofis. Deshalb bräuchte ich dazu eigentlich nicht mehr viel sagen, wenn – ja, wenn es nicht diesen großen Kratersee gäbe. Habt Ihr bestimmt schon in der Schule von gehört. Die Rede ist vom Laacher See mit der berühmten Abtei Maria Laach. Eine Abtei ist ein Kloster, in dem Mönche leben, arbeiten und beten. Und dieses Kloster steht auf dem ehemaligen Boden des Sees. Kaum vorstellbar, aber wahr. Die Vulkanseen heißen in der Eifel Maare. Davon gibt es einige, die Ihr ja während einer anderen Rad-Tour kennengelernt habt. Jetzt werden wir uns einmal ausgiebig mit dem Laacher See und seiner wunderschönen Umgebung beschäftigen, die so recht zum radfahren geeignet ist. Nun wollt Ihr sicher von mir wissen, wie dieses Maar entstand und warum der Laacher Vulkan nicht mehr aktiv ist.

Die Eifel ist ein sehr junges Vulkangebiet und gerade mal 700 000 Jahre alt. Also ich als Weißnicht finde, das ist kein Alter – oder? Nun denn, mit mehr als 200 aktiven Vulkanen war die Eifel zudem eine sehr lebhafte Region, wo es andauernd rumorte und krachte. Erst vor ein paar Jahren gab es wieder einmal ein Erdbeben im Eifelraum, aber daran haben sich die Eifellaner längst gewöhnt. Der Laacher See war aber nicht immer so groß, wie er heute ist. Vor 13 000 Jahren befand sich an der jetzigen Stelle ein flacher See von ungefähr 3 bis 4 Meter Tiefe. Aber unter dem See, so 4 bis 5 Kilometer in der Erde, da bildete sich eine gewaltige Lava-Gasblase. Aus den Tiefen des Erdinneren wurde glutflüssiges Gestein nach oben gedrückt. Der Boden über der Lava-Gasblase begann sich zu heben und wurde rissig. Durch diese Risse strömte nun das Wasser ungehindert in die Tiefe, bis auf die brodelnde Lava. Ihr wißt ja was passiert, wenn Ihr ein paar Wassertropfen auf eine glühendheiße Herdplatte fallen laßt: es macht zisch und puff und weg ist das Wasser – verdampft in Sekundenbruchteilen. Jetzt könnt Ihr Euch leicht vorstellen was geschah, nachdem ein ganzer See in fünf Kilometer Tiefe auf flüssige Lava traf. Es gab eine unvorstellbare Explosion, die gewaltige Mengen an Asche, Staub und Vulkansand, aber auch jede Menge Lava aus dem Krater in die Luft jagte. Bis zu 40 Kilometer hoch stieg die Aschewolke, und der Wind trieb den Staub bis nach Schweden und Norditalien. Felsen und Steine wurden mit zweifacher Schallgeschwindigkeit aus dem Vulkanschlot herausgeschleudert und hinterließen eine fürchterliche Spur der Verwüstung. Dann trat glutflüssige Lava aus, die später zum berühmten Eifeler Basalt wurde.

16 Milliarden Kubikmeter flossen in die Eifeltäler hinein, in Richtung auf das heutige Mayen und Mendig. Deshalb findet Ihr auch hier an jeder Ecke einen Bims- und Lavasteinbruch, wo das hochwertige Material im Tagebau, aber auch Untertage gewonnen wird. Nach unserer Radtour steigen wir gemeinsam hinab in die Mendiger Unterwelt, wo wir die Felsenkeller der Vulkanbrauerei besichtigen. Aber zuerst wird Rad gefahren.

Start und Ziel unserer Tour ist der **Parkplatz** vor der **Vulkan-Brauerei** an der Laacher-See-Straße, wo Ihr später auf einem tollen Vulkanspielplatz toben könnt. Ihr fahrt gleich auf die andere Straßenseite, denn da gibt es einen Radweg, den wir als aufmerksame Radfahrer und Verkehrsteilnehmer natürlich benutzen. In Richtung Ortsausgang seht Ihr links und rechts an der Straße mächtige Basaltsäulen liegen, und dann bemerkt Ihr die tiefen Steinbrüche, aus denen das Lavagestein herausgeholt wird. Und Blumen blühen auf dem Geröll, daß es eine Pracht ist. Die meisten kennt Ihr ja schon, aber den Natternkopf mit seinen tiefblauen Blüten habt Ihr bestimmt noch nicht gesehen; und ebenso die Riesen-Königskerze, die mehr als zwei Meter hoch werden kann.

Nach dieser ersten Lavaschnupperprobe ist die „Hansastraße" erreicht. Dort seht Ihr ein Schild mit der Aufschrift *Wanderweg Maria Laach*. Dort sind wir richtig. Dieser Straße folgen wir, radeln am *Freibad Mendig* vorbei, halten uns danach halbrechts, vorbei an einem Haus mit dem Hinweisschild *Fußweg Maria Laach*. Jetzt überqueren wir die Autobahn und biegen gleich hinter der Brücke links ein. Rechterhand seht Ihr die dicken Schichten des Trass- und Tuffsteins sowie der vulkanischen Lavaschlacken. Das stammt alles aus dem Laacher Vulkan. Über den markierten Rad-Fußweg gelangt Ihr zu einem Campingplatz, wo Ihr auf den am Zaun langführenden asphaltierten Radweg einbiegt, der Euch geradewegs zur Laacher Mühle geleitet. Hier heißt es, rechts dem Hinweis *Fußweg Maria Laach* folgen. Einige Meter hinter der **Laacher Mühle** reckt eine mächtige Toskana-Pappel ihre Krone in den blauen Eifelhimmel. Über 200 Jahre ist der Baum alt und mehr als 30 Meter hoch. Den solltet Ihr begrüßen und ausgiebig betrachten. Dann haltet Ihr Euch weiter rechts und fahrt auf einem Asphaltweg, der später in einen Wirtschaftsweg übergeht, bergan. Auf der rechten Seite kommt eine tiefe Grube in Sicht. Hier könnt Ihr einen tollen Einblick in das vulkanische Erdinnere tun. Wie Tortenscheiben liegen die verschiedenfarbigen Gesteinsschichten aufeinander. Jetzt solltet Ihr die Räder ein kurzes Stück schieben, denn es gibt soviel zu sehen rechts und links der Wiesen und Felder. Ein Meer von Blüten und Gräsern erwartet

Euch, und aus den Hecken und Büschen ertönt der Gesang von Nachtigall, Grasmücke und Zaunkönig. Natürlich könnt Ihr Euch auch für die Straße entscheiden, die nach Maria Laach führt. Aber da fahren zum einen viele Autos und zum anderen – was würdet Ihr an wunderschönen Erlebnissen versäumen.

Wir haben jetzt die Aussicht **Zum Hochkreuz** erreicht. Von hier oben könnt Ihr einen ersten Blick auf den Vulkansee, das Laacher Maar, werfen. Nun wollt Ihr wissen, wie es weitergeht. Kann ich verstehen. Also, dort wo der Weidenzaun einen Knick macht, biegt Ihr auf den Weg ein, der rechts von Euch bergab führt. Da steht auch ein Baum mit einer Wege-Markierung *N*. Doch denkt immer daran, daß auch Wanderer die Wege benutzen. Fahrt daher vorsichtig und nehmt Rücksicht, auch auf Pflanzen und Tiere.

Nun radelt Ihr durch einen wunderschönen Eichenhain, wo Sommersteinpilze, Riesen-Wiesenglockenblumen und Waldmeister einträchtig beieinander stehen. Auf den saftigen Wiesen und Weiden grasen prachtvolle Kühe, von denen die köstliche Eifelmilch stammt, die Ihr so gerne trinkt. Genießt die Stille des Tages, den Gesang der Vögel und den herrlichen Blick auf den Laacher See, der wie eine silberne Scheibe zwischen den Bergen liegt. Wir verlassen nun zunächst den Wald, und die Fahrt geht durch eine offene Feldflur. Dann gelangt Ihr an eine Wegkreuzung. Dort liegt ein dicker Stein, auf dem verschiedene Namen stehen. Unser Weg führt in Richtung *Alte Burg*. Schon tauchen erste Zeugnisse menschlicher Aktivitäten auf, nämlich eine aufgelassene Bimsgrube. Der Bims ist ein hellgraues, festes vulkanisches Gestein, das auch zum Hausbau und als Schleifmittel verwandt wird. Auf der Schautafel steht alles, was Ihr über Bims und seine Verwendung wissen wollt. Geradezu weiter fahren wir direkt in das Naturschutzgebiet „Laacher See", und die bunten Tafeln rechts des Weges erklären Euch haargenau alles, was Ihr auf Eurer Radtour entdeckt. Plötzlich taucht an Eurer rechten Seite ein bedrohlich wirkender Steinbruch auf. Ihr habt nun den Schlackenkegel **Alte Burg** erreicht. Hier erhaltet Ihr einen phantastischen Einblick in die vulkanische Tätigkeit der Eifel. Dicke, rotbraune Schichten wölben sich umeinander. Das sieht beinahe aus wie geschmolzene Eiscreme. Und tatsächlich ist Schlacke nichts anderes als geschmolzene Asche. Dazwischen glänzen blau und tiefschwarz mächtige Basaltablagerungen. Und überall findet Ihr eine Blumenvielfalt, wie Ihr sie an anderer Stelle in der Eifel wirklich suchen müßt.

Auf Eurer Fahrt rund um den See gelangt Ihr nun zum *Punkt 5* der *Vulkanroute L*, der Schautafel mit den Pegelständen des Laacher Sees. Der Pegel ist nichts anderes als ein Wasserstandsanzeiger. Denn Ihr müßt wissen, daß der See nicht immer die heutige Wasserhöhe besaß. Bevor die Mönche vor 900 Jahren mit den Bau der Abtei begannen, lag der Wasserspiegel über zehn Meter höher. Auf dem Radweg, den Ihr heute benutzen könnt, wuchsen vor 1 000 Jahren noch Seerosen und Schilf. Auch die Abtei steht auf ehemaligem Seegrund. Fleißige Mönche gruben einen Stollen, durch den das Wasser abfloß. Heute wird die Wasserhöhe durch einen zweiten, neuen Stollen immer gleich gehalten. Das ist wichtig, weil ja rund um den See Wege verlaufen, Campingplätze angelegt wurden und Kühe weiden. Schließlich wollt Ihr doch keine nassen Füße bekommen auf Eurer Radtour um den Laacher See.

Überall bilden wild-zerklüftete Abhänge ein beeindruckendes Naturschauspiel. Buchen und Eichen recken ihre Kronen weit hinauf in den Himmel, und dann habt Ihr schon eine weitere Entdeckung gemacht – den Basaltstrom des „Lorenzfelsens". Es gibt so viel zu sehen, daß Ihr ruhig das eine oder andere Stück des Weges Euer Rad schieben könnt. Oder einfach mal Pause machen und durch die Steine stromern. Es lohnt sich wirklich. Gewaltige Felsbrocken künden von der Kraft des Vulkans, der die Felsen wie Spielzeug durch die Luft wirbelte. Und dann kommt Ihr an eine Stelle, wo es richtig unheimlich wird. Einige Meter vom Uferrand entfernt blubbert und gluckst es unentwegt. Dicke Blasen steigen aus der Tiefe des Sees empor. Es ist Kohlendioxyd oder Kohlensäure, die aus dem Erdinneren in den Vulkansee entweicht. Es ist beileibe nicht so, daß der Laacher Vulkan erloschen ist. Im Gegenteil, der Eifelvulkanismus ist noch sehr lebendig, und es besteht durchaus die Möglichkeit, daß es in der Eifel erneut zu Vulkanausbrüchen kommt. Aber keine Bange, wenn Ihr mit dem Fahrrad unterwegs seid, bleibt alles ruhig. Weißnicht-Ehrenwort. Auch an dieser Stelle befindet sich eine interessante Schautafel mit vielen Fotos, die Euch genau zeigen, was im Wasser passiert.

Nun folgen wir dem Weg halblinks hinab zum Seeufer, wo sich idyllische Plätze zur Rast anbieten. Ihr habt vom Seeufer aus eine phantastische Sicht über den ganzen Laacher See. Wenn es sich einrichten läßt, solltet Ihr länger als nur einen Tag am See bleiben. Schon bald steht Ihr auf dem *Campingplatz*, wo Ihr richtig zelten oder im Wohnwagen wohnen könnt. Das wäre doch mal eine Idee, um die Vulkaneifel ausgiebig kennenzulernen. Vielleicht haben Eure Eltern ja Lust dazu? Mir und meinem Freund Hans Joachim hat Camping immer Spaß gemacht. Und das schönste daran ist das Freibad und ein Café mit Restaurant, wo es die leckersten Sachen zu naschen gibt. Na – überredet?

Außerdem könnt Ihr vorher noch zum Café „Haus Waldfrieden" abbiegen, das nur 300 Meter vom Seeufer-Radweg entfernt liegt. Unsere Fahrt geht nun weiter um den See herum, teils ein wenig bergan, dann wieder eben, bis die Gaststube „Seeblick" in Sicht kommt. Hier findet Ihr tolle Möglichkeiten, den See und seine Umgebung genauer zu erkunden. Ein Bootsverleih bietet Kanus für einen Wasser-Ausflug an. Dann erreicht Ihr eine *rot-weiße Barriere*, an der Ihr links vorbei auf den *Wanderweg* des Eifelvereins einbiegt: zeichen *Schwarzer Winkel.* Dieser Weg führt bis zu einem Parkplatz, an dem Ihr vorbeifahrt bis zur nächsten Abzweigung (200 Meter) links. Das ist der Rad- und Fußweg nach *Maria Laach.* Jetzt radelt Ihr wieder dicht am Ufer entlang und habt Gelegenheit, die Pflanzen und Tiere ausgiebig zu betrachten. Nachdem Ihr eine kleine Holzbrücke überquert habt, kommt die *Abtei Maria Laach* in Sicht. Auf dem Fußweg geht es bis zu einem Weidezaun, wo Ihr links abbiegt bis zu einer Informationshütte des Naturschutzvereins. Dort befindet sich auch ein weiterer Bootsverleih (Tretboote). Nun ist es nicht mehr weit bis zur Abtei.

Durch weitläufige Weiden fahren wir über den Parkplatz direkt auf **Maria Laach** zu. Eine Besichtigung der Kirche und des Klostergartens ist wirklich beeindruckend. Ganz besonders lecker ist jedoch der Eintopf, den die Mönche dem hungrigen Radfahrer anbieten, und der so guuuuut schmeckt.

Nach dieser ausgiebigen Stärkung fahrt Ihr auf dem Radweg in Richtung Mendig bis zur Einmündung der Straße nach Bell. Dort seht Ihr ein Schild *Naturkundemuseum.* Dieses Museum ist mehr als nur sehenswert. Es ist das größte private Naturkundemuseum Deutschlands und zeigt alle heimischen Tiere in ihrer natürlichen Umgebung. Aber das ist längst noch nicht alles: Eine Mineraliensammlung gibt Auskunft über die Gesteine der Eifel, und ein „Fährtenlehrpfad" führt Euch ganz sicher auf die richtige Spur zu Fuchs und Marder. Also dann Pfadfinder, zeigt Euren Eltern einmal, wie gut Ihr drauf seid.

Maria Laach

Auf gleichem Weg geht es später zurück zur Straße und dann auf dem Radweg rechterhand nach Mendig. An der großen Linde mit Gedenkstein haltet Ihr Euch links und biegt in den asphaltierten Feldweg ein. An der ersten Abzweigung fahrt Ihr gleich wieder rechts und radelt hinauf zur *Monterthöhe*. Auf diesem Weg fahrt Ihr bis zu einem kleinen Feldweg und Wanderpfad, in den Ihr rechts einbiegt. Jetzt könnt Ihr Euer Rad zur Abwechslung einmal schieben, denn es geht ein Stück bergan. Dafür genießt Ihr die herrliche Weitsicht auf den See und die umliegenden Wälder. Der Pfad führt an einer Weide entlang, und dann habt Ihr auch schon die **Monterthöhe** erreicht. An der Einmündung des Weges fahrt Ihr links weiter bergan bis zu einer *rot-weißen Barriere*, die Ihr öffnet. Bitte hinterher wieder schließen. Durch Wiesen und vorbei an Weiden fahrt Ihr nun hinauf zum Hochkreuz, wo Ihr schon einmal vorbeigekommen seid. Jetzt radelt Ihr das letzte Stück auf gleichem Weg zurück nach Mendig. An der Laacher Mühle, wo die pächtige Pappel steht, links hinunter zum Campingplatz, über die Autobahn drüber und hinein ins Freibad. Diese Erfrischung tut Euch so richtig gut. Danach ist es nur noch ein Katzensprung bis zur Vulkan-Brauerei, wo schon die *Mendiger Unterwelt* auf Euch wartet. Vorher könnt Ihr noch einen kurzen Blick in die aufgelassenen Basaltgruben links und rechts der Straße werfen. Es ist geradezu unheimlich, wenn man in die ähnende Tiefe schaut und die Öffnungen gewaltiger Höhlen erblickt.

Außerdem gibt es noch so viel zu entdecken: Reptilien, Insekten und jede Menge seltener Blumen. Das alles findet Ihr in der Vulkaneifel rund um den Laacher See.

Und jetzt geht es hinab in die unterirdischen Felsenkeller der Vulkanbrauerei. Das ist leider nur am Wochenende möglich, deshalb solltet Ihr schon zwei Tage vor Ort bleiben. Über 150 Stufen steigt Ihr 30 Meter tief in die Basaltfelsen hinab. Entstanden sind die Höhlen durch menschliche Arbeit, denn der Eifelbasalt ist sehr begehrt.

Später haben sich dann Brauereien im Raum Mendig angesiedelt und die Felsenkeller als Lager für Ihr Bier benutzt. Da es immer sehr kühl in den Kellern ist, richteten die Bierbrauer die Basalthöhlen gleich als Braustätte ein. Noch heute könnt Ihr die großen Biertanks tief unter der Erde im Basaltgestein sehen. Nachdem jedoch die Kühlmaschine erfunden wurde, brauchten die Menschen die Basalthöhlen nicht mehr. Nach und nach stellten die Brauereien ihre Tätigkeit ein und verschwanden aus Mendig. Damit hatten die Basaltkeller ihre Bedeutung als Kühlkeller verloren. Heute wird das Bier in überirdischen Hallen gebraut, nämlich in der Vulkan-Brauerei. Aber die Felsenkeller sind immer noch vorhanden, und wer von Euren Freunden kann schon sagen, daß er in einem richtigen Lavastrom spazieren gegangen ist. Bis zu 15 Meter dick ist die Basaltschicht, die der Laacher Vulkan vor 13 000 Jahren als glutflüssige Lava ausspuckte und auf den Weg nach Mendig schickte. Weite Teile der Stadt sind im wahrsten Sinne des Wortes „unterhöhlt", aber der Basalt ist so fest, daß keine Gefahr für die Häuser besteht. Ihr könnt also unbesorgt sein und die Keller in Ruhe besichtigen.

Obwohl, ich will Euch natürlich keine Angst einjagen, aber es kribbelt mich jedesmal im Bauch, wenn ich vor der Vulkanbrauerei stehe und auf den Sportplatz blicke, der sich neben dem Brauhaus befindet. Da geschah nämlich vor einigen Jahren etwas richtig unheimliches. Aber – meine Freunde, mit niemandem darüber reden, das ist Weißnicht-Geheimnis. Also hört gut zu: An einem Samstag Nachmittag fand ein Fußballspiel auf dem Sportplatz statt. Während die Zuschauer Beifall klatschten und die Spieler über das Feld liefen, bildeten sich plötzlich Risse im Boden. Erst kaum sichtbar, dann breiter. Die Spieler und Zuschauer bemerkten das natürlich und rannten vom Platz. Auch die Tribüne wurde rasch geräumt. Kaum war der letzte Spieler vom Platz, gab es einen Mordsknall, und der ganze Fußballplatz lag 30 Meter tief in einer alten Basaltgrube. Ehrenwort – so ist es passiert. Danach wurde das Loch zugeschüttet und ein neuer Fußballpatz angelegt. Schön gruselig – nicht wahr!

Und dann steht da auf dem Parkplatz vor der Brauerei noch ein seltsames Gebilde. Erinnert ein bißchen an ein riesiges Holzpferd, ist aber tatsächlich eine Maschine, nämlich eine Hebeeinrichtung. Der Name dieses Monstrums ist „Göpelwerk". Damit wurden noch bis zur Jahrhundertwende die mächtigen Basaltsäulen und Mühlsteine aus der Tiefe herausgeholt. Heute besorgen das Bagger und Förderbänder, und das Göpelwerk hat ausgedient. Aber beeindruckend ist es schon, wenn man sich vorstellt, was die Menschen früher geschafft haben. Übrigens, Frauen und Kinder haben wie die Männer in den Basaltgruben unter Tage gearbeitet. Da blieb nicht viel Zeit zum Spielen und für andere Dinge. Denkt einmal daran, wenn Ihr in der „Unterwelt von Mendig" spazieren geht.

Ich denke, daß wir uns jetzt eine zünftige Pause verdient haben. Schließlich können wir nicht nur radfahren, und die lieben Eltern müssen sich ja auch ab und an erholen.

Aber die nächsten Rad-Touren warten schon. Eine davon führt uns noch einmal in die Vulkaneifel. Davon jedoch mehr beim nächsten Mal.

Alles Gute und Tschüß. Euer Weißnicht

Wie kommt man nach Mendig/zum Laacher See?
Am besten mit der Bundesbahn. Die fährt von Koblenz oder Köln über Andernach nach Mayen. Dann mit dem Bus bis Mendig oder Maria Laach.
Ansonsten die A 61 Köln-Koblenz, Abfahrt Mendig, oder die A 48 Trier-Koblenz, Abfahrt Mayen.

Weglänge:	15,6 km	

Vulkan-Felsenkeller

Öffnungszeiten:	samstags und sonntags (Gruppen auch nach Vereinbarung)	16.00 Uhr
Eintritt:	Erwachsene Kinder/Jugendliche (bis 16 J.)	DM 4,50 DM 2,00
Führungen:	Vulkan-Keller ab Brauerei-Eingang	

Naturkundemuseum St. Winfrid

Öffnungszeiten:	1. März bis 31. Oktober täglich außer freitags 1. November bis 28. Februar	 9.30 – 18.00 Uhr 9.30 – 17.00 Uhr
Eintritt:	Erwachsene Kinder (bis 14 J.)	DM 4,00 DM 3,00
Auskünfte:	Telefon 0 26 52/47 85	

Freibad

Öffnungszeiten:	15. Mai bis 15. September täglich	 9.00 – 19.00 Uhr
Eintritt:	Erwachsene Kinder (bis 14 J.)	DM 4,50 DM 2,00

Auskünfte:	Verbandsgemeinde Mendig, Marktplatz 3, 56743 Mendig, Telefon 0 26 52/98 00-14, Telefax 0 26 52/98 00-19 Touristik-Pavillon, Telefon 0 26 52/5 21 51 Deutsches Vulkanmuseum, Telefon 0 26 52/42 42

Einkehrmöglichkeiten: Gasthaus „Vulkan-Brauhaus" (kein Ruhetag, Telefon 0 26 52/39 09)
Laacher Mühle (kein Ruhetag, Telefon und Telefax 0 26 52/46 52)
Café „Haus Waldfrieden"
Café-Restaurant „Seeblick"
Restaurant „Maria Laach"

Tip:
Am Café „Haus Waldfrieden" führt der Weg hinauf zum Lydia-Turm. Von dort bietet sich eine phantastische Fernsicht über weite Teile der Vulkaneifel bis zum Nürburgring, in die Pellenz und bis Koblenz.

Kartenempfehlungen:
1 : 25 000 Wanderkarte Nr. 10 des Eifelvereins „Das Brohltal"(auf neueste Ausgabe bestehen!)
1 : 100 000 Rad-Wanderkarte, Radwandern in Rheinland-Pfalz, Blatt Ost, Landesvermessungsamt Rheinland-Pfalz

Auf den Spuren alter Dampfrösser

Das ist ein Ding. Guten Tag, liebe Kinder. Stellt Euch nur vor, was mir passiert ist. Da bin ich doch mit meinem Fahrrad in der Eifel unterwegs – und wo lande ich? Im Maifeld. Jetzt möchtet Ihr natürlich wissen, wo das ist. Klaro. Also dann – gebt acht, damit Ihr Euren Eltern ganz genau erzählen könnt, was Ihr von mir erfahren habt. Aber das ist noch nicht alles. Das tollste an der ganzen Geschichte kommt ja noch. Ich habe nämlich einen Radweg gefunden, wo Ihr auf den Spuren der alten Dampflokomotiven radeln könnt. Ja – genau – der Radweg führt über die Strecke, auf der früher die Eisenbahn entlangfuhr. Ich kann Euch sagen, das ist ein Abenteuer. Aber davon gleich mehr.

Zwischen den Ufern des Rheins und der Mosel und umgeben von den Wäldern der Vulkaneifel liegt das Maifeld. Das Maifeld ist eine Landschaft von unberührter Natur, so richtig zum Radfahren gemacht. Keine hohen Steigungen quälen Euch, alles ist sanft hügelig und durchzogen mit wundervollen Radwegen. Wälder, weite Ebenen, blühende Rapsfelder, die weithin sichtbar knallgelb leuchten, und ganz außen – ziemlich weit weg, da erheben sich die Berge der Vulkaneifel. Das wußten bereits die ersten Siedler, die vor 5 000 Jahren in die Südosteifel kamen. Das Maifeld ist nämlich altes Kulturland, und das lernt Ihr heute kennen.

Ihr startet in **Polch** am ehemaligen Bahnhof, direkt am Radweg. Im Bahnhof befindet sich ein Restaurant und vor dem Bahnhof könnt Ihr wunderschön sitzen und Eis essen und den ankommenden Radfahrern zusehen. Oder Ihr geht auf den nahen Spielplatz, wo Ihr Euch bis zur Abfahrt die Zeit vertreiben könnt.

Da, wo früher die Gleise lagen, ist heute ein prima Radweg zu finden. Und an diesem Radweg steht ein Wegweiser mit verschiedenen Schildern. Den ersten Weg, den ich Euch empfehle, ist die Tour nach Mayen. Warum?

Das erzähle ich Euch während der Fahrt. Also steigt auf die Räder und los geht es.

Rechts und links der Fahrtstrecke breitet sich das Maifeld aus, und wenn Ihr Euch Mayen nähert, dann erkennt Ihr schon die Tuffstein- und Lavabrüche, aus denen hochwertige Mineralien gewonnen werden. In der Eifel waren noch bis vor 10 000 Jahren mächtige Vulkane aktiv. Und die haben dafür gesorgt, daß in der Vulkaneifel die Lava bis zu 50 Meter dick ist. Noch ein wichtiger Hinweis: Die Bahnstrecke quert hin und wieder eine Straße. Dort müßt Ihr sehr aufpassen und wenn nötig absteigen. Sagt das auch Euren Eltern, die sich ganz bestimmt auf diese Tour freuen.

Als erste ehemalige Bahnstation erreicht Ihr **Nettesürsch**. Direkt neben dem Radweg ist ein Spielplatz und gleich um die Ecke, ein paar Häuser weiter, findet Ihr eine Cafeteria. Die Landschaft wird ringsum hügeliger, aber Ihr spürt davon nichts, weil Ihr ja auf der alten Bahntrasse fahrt, und die hat nur eine minimale Steigung.

Auch die Bewaldung nimmt spürbar zu, und bald fahrt Ihr wie unter einem grünen Dach. Und dann ist er da – der erste Tunnel. Stellt Euch das vor – Ihr fahrt mit Euren Rädern durch einen Eisenbahntunnel. Das ist vielleicht abenteuerlich. An der Tunneldecke seht Ihr noch den Ruß aus dem Schornstein der Lokomotiven. Einen halben Kilometer ist der Tunnel lang, und plötzlich, wie durch Zauberhand, ist wieder heller Sonnenschein. Doch bevor Ihr Euch verseht, taucht schon der zweite Tunnel auf. Wieder geht es hinein in den dunklen Berg, der in seinem Inneren von Lampen erhellt wird. Aber dann ist auch die Durchfahrt geschafft und das Ende des Tunnels erreicht. Leicht talwärts führt Euch der Weg und Ihr radelt auf eine Schlucht zu. Gäbe es die Eisenbahnbrücke nicht, wäre Euer Weg hier zu Ende. So aber könnt Ihr auf dem Eisenbahn-Viadukt, so nennt man die Brücken, in 40 Metern Höhe über eine Schlucht fahren. Hinter der Brücke befindet sich ein Rastplatz, wo Ihr die Eindrücke auf Euch wirken lassen könnt. Aber es geht noch weiter. Bald erreicht Ihr **Mayen-Hausen**, einen Ortsteil der Stadt. Weiter führt der Radweg bis zu einer Brücke, unter der sich der Weg teilt. Rechts geht es in die Vulkaneifel und zum Laacher See, links geht es nach *Mayen*, einer wunderschönen alten Stadt mit einer tollen Burg. Die solltet Ihr Euch unbedingt ansehen. Bis nach Mayen sind es noch drei Kilometer, die Ihr allerdings auf der Straße fahren müßt. Also Vorsicht und aufgepaßt. Ihr folgt einfach der Ausschilderung *Schieferweg-Mayen-Marktplatz* über die Hauptstraße, die Euch haargenau bis ins Zentrum führt. Dort biegt Ihr in die „Marktstraße" ein und radelt durch die Fußgängerzone bis zum Marktplatz. Von weitem seht Ihr die *Genovevaburg*, das mächtige Bauwerk aus dem 13. Jahrhundert, die ihre stolzen Türme über die Stadt erhebt. Schmucke Fachwerkhäuser und zahlreiche Eiscafés wecken Euer Interesse. Vielleicht seid Ihr ja im Juni bis Juli dort. Dann finden nämlich die Burgfestspiele statt, zu Ehren der legendären Genoveva von Brabant, der Frau des Pfalzgrafen Siegfried. Ehebruch soll sie begangen haben und dafür sterben. Doch sie flieht in den Wald, wird aber entdeckt und für unschuldig erkannt. Und ein tolles Museum besitzt die Burg. Darin wird alles gezeigt, was von der Steinzeit bis ins 19. Jahrhundert im Maifeld ausgegraben oder angefertigt wurde. Nach diesem Ausflug ins Mittelalter fahrt Ihr auf gleichem Weg wieder zurück nach Polch, zu Eurem Ausgangspunkt. Dort startet Ihr zur zweiten Radtour auf der ehemaligen Bahnstrecke, nämlich nach Münstermaifeld.

Auf dem Eisenbahnradweg

Auf der hochgelegenen Trasse durchquert Ihr in weitem Bogen das Maifeld, wo in der Ferne die Stadt *Münstermaifeld* auf Euch wartet.

Das Fahren auf dem Radweg ist eine reine Freude, denn der Wind, sollte er einmal blasen, kann Euch nichts anhaben, da dichte Hecken und Bäume den Radweg einhüllen. Aus den Gebüschen ertönt der Gesang der Nachtigallen und Mönchsgrasmücken, die im Dutzend ihre Strophen trällern. Bald kommt *Mertloch* in Sicht, wo sich ein längerer Aufenthalt in jedem Fall lohnt.

Direkt am Radweg gibt es einen Freizeitpark nur für Kinder, eine großräumige Toilette mit Waschgelegenheit, Tische und Bänke und eine Grillhütte, wo Ihr Eure mitgebrachten Würstchen braten könnt. Oder Ihr und Eure Eltern gehen in den Ort und kaufen direkt frisch vom Schlachter. Interessant ist vor allem das Feuchtbiotop, wo Frösche quaken, Libellen huschen und viele Blumen blühen. Eine Riesenüberraschung aber gibt es im Gasthaus „Maifeld-Express" zu sehen. Dort wird Euch mit einer Modelleisenbahn die Limonade an den Tisch gebracht. Und dann habt Ihr Euch gestärkt und könnt die nächste Etappe bis Münstermaifeld radeln. Zwischendurch hört Ihr immer wieder die Nachtigallen singen, die Euch auf der ganzen Strecke begleiten.

Jetzt erreicht Ihr **Naunheim**, die zweite ehemalige Bahnstation mit dem radlerfreundlichen Gasthof „Port". Auch hier steht eine tolle Grillhütte mit allem, was Ihr zu einem zünftigem Grillfeuer braucht. An fast jedem Punkt der Strecke habt Ihr eine wunderschöne Aussicht auf das Maifeld, wo die Rapsfelder im Sonnenlicht leuchten und auf den grünen Wiesen die Pferde und Schafe grasen. Am Ende der Strecke wartet **Münstermaifeld** auf Euch, ein sehr alter Ort, der schon zur Römerzeit besiedelt war. Aber auch ein Café, wo es köstliche Getränke und Kuchen gibt. Die Stadt solltet Ihr unbedingt anschauen. Einen alten Pulverturm aus dem 14. Jahrhundert gibt es zu bestaunen. Reste der Stadtmauer geben Auskunft über die Befestigung der Stadt. Dazu fahrt Ihr vom Biergarten aus einfach auf den Bahnhof zu, dann links und folgt dem Wegweiser *Stiftskirche.* Rund um die Kirche breitet sich der Marktplatz aus, wo prachtvolle Bürgerhäuser aus dem 15. und 16. Jahrhundert zu bewundern sind, sowie das Dreierkerhaus aus dem 12. Jahrhundert. Eisdielen, Pizzerien und Cafés laden zum Verweilen ein. Wer Lust auf ein Bad hat, der kann in der Freizeitanlage schwimmen, die Riesenrutschbahn benutzen oder Tennis spielen. Jetzt bleibt Euch nur noch der Rückweg nach Polch, den Ihr auf gleicher Strecke antretet.

Wem das immer noch nicht genug ist, der nimmt sich die dritte und letzte Etappe vor, nämlich die von Polch über Kerben nach Ochtendung, wo Ihr die nahegelegene *Ruine Wernerseck* oder das *Bims-Abbaugebiet* besichtigen könnt. Auch hier zeigt sich Euch das Maifeld von seiner ganzen Schönheit. Die Berge der Vulkaneifel rücken mit jedem Kilometer näher, aber das beeindruckt Euch nicht. Schließlich fahrt Ihr auf der ehemaligen Eisenbahntrasse, und die kennt praktisch keine Steigungen.

Auch auf dieser Strecke zeigt sich das Maifeld von seiner schönsten Seite, nämlich der unberührten Natur. In **Ochtendung** könnt Ihr dann richtig Lokführer und Schaffner spielen. Im ausgedienten Dampfzug *Eifel-Express* gibt es ein Café und Bistro, aber auch richtig was zu essen und einen tollen Kinderspielplatz mit vielen Überraschungen.

Wenn Ihr alle drei Touren gefahren seid, so ist das eine Superleistung. Immerhin habt Ihr dann 50 Kilometer mehr auf Eurem Tacho. Gratuliere.

Wie kommt man nach Polch?
Mit der Bundesbahn von Andernach oder Trier aus nach Mayen. Von dort direkt mit dem Fahrrad aus der Stadt heraus zum Hauptradwanderweg. Oder mit dem PKW über die A 48, Abfahrt Polch.

Weglänge: 50 km

Freischwimmbad Münstermaifeld (beheizt)
Öffnungszeiten: Mai bis Oktober

Genovevaburg

Öffnungszeiten:	dienstags bis freitags	10.00 – 12.30 Uhr
	und	14.00 – 17.00 Uhr
	samstags, sonn- und feiertags	11.00 – 17.00 Uhr
	Montags und von Mitte November bis Ende Februar geschlossen.	
Eintritt:	Erwachsene	DM 6,00
	Kinder	DM 3,00
	(für Gruppen gibt es Ermäßigung)	
Führung:	pro Gruppe	DM 50,00
	Schulklassen	DM 40,00
Auskünfte:	Telefon 0 26 51/8 85 58 oder /8 85 61	

Auskünfte: Verkehrsamt Mayen, Altes Rathaus, 56727 Mayen, Telefon 0 26 51/88 26-0
Verbandsgemeinde Maifeld, Marktplatz 4, 56751 Polch, Telefon 0 26 54/94 02-0
Städtisches Gartenbad, Telefon 0 26 51/8 85 50

Einkehrmöglichkeiten: Zum Alten Bahnhof, Polch (Telefon 0 26 54/29 96, Telefax /13 72
Gasthof Port, Naunheim, Telefon 0 26 54/75 50
Eifel-Express, Ochtendung, Telefon 0 26 25/49 19
Zum Maifeld-Express, Gasthaus Adams, Freizeitpark am Bahnhof (Telefon 0 26 54/72 92)

i

Tip:
Die jährlichen Burgfestspiele in der Genovevaburg in Mayen vom Juni bis zum August, Schloß Bürresheim bei Mayen, Badezentrum Mayen mit Riesenrutsche, Städtisches Gartenbad

Kartenempfehlungen:
1 : 50 000 Landesvermessungsamt Rheinland-Pfalz, Rhein-Mosel
1: 50 000 Radwandern zwischen Rhein und Mosel, Herausgeber Eifel-Touristik Koblenz

Vom Mittelalter, von subtropischen Meeren und von einem idyllischen Flußtal

Schön, daß Ihr wieder dabei seid. Was sollte ich auch ohne Euch in der Eifel anfangen? Das wäre einfach nicht so aufregend und interessant. Aber lieber Weißnicht (werdet Ihr sagen) du hast doch deine Freunde, die Barbara und den Hans Joachim dabei. Richtig – und das ist auch gut so. Schließlich sehen sechs Augen mehr als zwei. Barbara ist eine sehr gute Fahrradfahrerin und Hans Joachim eine Spürnase für Rastplätze und Restaurants. So ist immer für Unterhaltung und Kurzweil gesorgt. Doch bei Euch ist das etwas anders – ich habe mich so an Eure Begleitung gewöhnt, ich möchte Euch auf diesen Touren nicht mehr missen. Schließlich lerne ich durch das Radfahren die Eifel ganz anders kennen, als wenn ich zu Fuß gehe. Und das verdanke ich Euch. Denn Ihr seid Fahrradfreunde wie sie besser nicht sein können.

Ach je, jetzt habe ich über das viele Reden doch glatt vergessen Euch zu sagen, wo wir heute mit den Rädern hinfahren. Also – Start und Ziel der Rad-Wandertour ist der Landal Green Park im Wirfttal. Die Wirft ist ein kleines Flüßchen das bei Stadtkyll in die Kyll mündet. Wir Ihr bereits wißt, ist die Eifel ein wasserreiches Mittelgebirge. Darum auch die zahlreichen Talsperren. Und in diesem Wirfttal am Stadtrand von Stadtkyll haben nette Leute einen phantastischen Park aufgebaut, mitten in der grünen Eifel. Da gibt es alles, was Euer Herz begehrt. Also ich an Eurer Stelle, ich würde mit den Eltern ganz einfach für ein Wochenende oder besser noch für eine ganze Woche in Stadtkyll oder Umgebung Ferien machen. Es lohnt sich immer, ganz gleich zu welcher Jahreszeit. In diesem Ferienpark findet Ihr gleich zwei Schwimmbäder und einen großen Stausee, auf dem Ihr Boot fahren könnt. Außerdem Minigolf, Tennis, Mini-Scooter und überall Spielplätze. Es ist ein richtiges Paradies für Kinder. Und Fahrräder könnt Ihr bekommen, wenn das eigene einmal streiken sollte. Wer Lust hat auf einen Ausritt durch die Eifelwälder, der kann das auf dem Rücken eines Ponys oder Pferdes tun. Alles aufzuzählen würde viel zu lange dauern, am besten Ihr fahrt hin und schaut Euch den Park genau an. Schließlich sind wir ja zum Radfahren in die Eifel gekommen. Dann kann es losgehen.

Vom **Parkplatz** vor dem **Ferienpark** folgt Ihr dem Radweg nach rechts in Richtung Stadtkyll. Zur rechten kommt der Stausee in Sicht, auf dem die Boote kreuzen und wo Angler Ihr Glück versuchen, was Ihr übrigens auch könnt – gratis! Gleich neben dem Radweg ist auch der Bootsverleih – wem der Sinn nach einer Kreuzfahrt steht. Ihr Kinder bleibt mit Euren Rädern auf dem gepflasterten Gehweg, die Eltern benutzen die wenig befahrene Wirfttalstraße.

Jetzt ist **Stadtkyll** erreicht. Ihr folgt dem Radweg bis zur Einmündung in die „Hauptstraße", überquert diese und fahrt auf der anderen Seite links weiter zur Ortsmitte. Dabei bleibt Ihr aber auf dem Gehweg und steigt ab, wenn es denn nötig ist. Schließlich benutzen auch Fußgänger den Bürgersteig, und Ihr seid schließlich höfliche und umsichtige Radfahrer. Nun steht Ihr vor der Kirche, einem prachtvollen romanischer Bau aus dem Mittelalter. Hier lohnt sich eine Besichtigung. Gleich neben der Kirche beginnt die Straße „Burgberg". Da am Ende bei der Kurallee findet Ihr die *Tourist-Information.* Wenn Ihr also alles haargenau wissen wollt, dann werdet Ihr dort „stundenlang" mit den Schönheiten der stadtkyller Eifel vertraut gemacht. Ihr radelt nun weiter in Richtung Ortsausgang, fahrt durch eine Linkskurve und seht dann am Ende der Kurve linkerhand eine Straße. Dort steht ein Hinweisschild *Kerschenbach.*

Hier habt Ihr die erste Möglichkeit, zum Kronenburger Stausee abzubiegen. Dazu fahrt Ihr nur 20 Meter in die Straße ein, um gleich darauf den asphaltierten Weg rechts zu nehmen, der zur Pension „Haus Petra" führt. Ihr könnt natürlich auch dem Radweg über die „Auelstraße" ortsauswärts folgen bis zur Kyllbrücke. Vorher kommt Ihr noch am subtropischen Schwimmparadies „Vulkamar" vorbei, wo Ihr nach Tourende wunderschön baden könnt. Ihr braucht also nicht in die Südsee, die Karibik oder ans Mittelmeer zu fahren, denn das Vulkamaar ist Südsee, Karibik und Mittelmeer in einem. Oder Ihr geht in das beheizte Freibad von Stadtkyll mit seiner 76 Meter langen Rutschbahn. Ein Riesenspaß – kann ich Euch versichern.

Aber weiter mit unserer Tour, die uns bis zur Kyllbrücke bringt. Das ist die zweite Möglichkeit, diese wunderschöne Radtour zu beginnen. Kurz vorher kommt Ihr noch an einer BP Tankstelle vorbei. Direkt dahinter biegt Ihr dann links ein auf den Uferradweg *(*Kennzeichen *K ↑),* der sich durch saftige Weiden und blühende Wiesen schlängelt, bis Ihr dann das „Haus Petra" erreicht. Wie Ihr Euch entscheidet, überlasse ich Euch, beide Wege sind schön zu fahren. Probiert es einfach aus, einen für die Hin-, den anderen für die Rückfahrt.

An der Einmündung zur Pension heißt es für uns rechts dem Weg *K 7 / schwarzer Winkel, Radweg Nr. 4 (weißes Rad auf quadratischem grünen Schild)* folgen, wonach ein weiterer Hinweis *Kronenburg* die Richtung anzeigt. Der Weg ist tadellos zu fahren, wie wir es ja von fast allen Rad-Wanderwegen der Eifel gewohnt sind. Wir unterqueren eine Eisenbahnbrücke, hinter der es mit einer scharfen Linkskurve weitergeht. Bitte Vorsicht und langsam fahren, es können immer Fußgänger oder Radfahrer entgegenkommen. Nun radeln wir leicht bergab hinein in das malerische Kylltal. Der Fluß schlängelt sich beschaulich und still durch eine wunderschöne Wiesen- und Auenlandschaft, im Wiesengrund haben Orchideen ihre prächtigen Blütenstände entfaltet, und im klaren, sauerstoffreichen Wasser der Kyll lauern Forelle und Äsche auf Beute. Dann vernehmt Ihr ein Rauschen und Brausen. Es sind die Stromschnellen der Kyll, die das Wasser jauchzen lassen. Ihr habt nun eine weitere Brücke über die Kyll erreicht. Auf dem anderen Ufer seht Ihr den Weiler *Hammerhütte.*

Hier wurde früher Eisen verarbeitet, das aus den Bergwerken und Gruben der Eifelberge gefördert wurde. Doch das ist längst vorbei und alle Schmiedehämmer schweigen für immer.

Wir bleiben auf dem rechten Ufer der Kyll und folgen ihrem Lauf nach links weiter flußaufwärts. Es fährt sich nun noch besser, weil der Weg asphaltiert ist. Dafür geht es ein wenig bergan, aber was macht uns das aus! Dann seht Ihr ein Schild *R 28.* Das ist die Bezeichnung für einen Fernradwanderweg. An diesem Schild heißt es für uns, links bis zu einer weiteren Einmündung zu fahren, wo bereits ein Schild mit der Aufschrift *Stausee* auf Euch wartet. Ihr befahrt jetzt rechts den Weg *Nr. 3,* der uns durch eine phantastische Wiesenlandschaft geleitet. Unzählige Blumen blühen auf Wiesen und Weiden und begleiten unsere Fahrt seit Stadtkyll. Das Tal des Flüßchens weitet sich, und dann seht Ihr auf der Anhöhe zur rechten das mittelalterliche *Kronenburg* thronen. Auf unserer Radtour gelangen wir zum **Hubertushof**, der linkerhand hinter dem Bahndamm liegt. Jetzt können wir wieder ein wenig ausruhen, denn es geht talwärts immer noch auf dem *R 28.* Dann ist die Ortschaft **Kronenburgerhütte** erreicht. Auch hier leitet sich der Name des Ortes von einer ehemaligen Erzverarbeitung ab. Da es in der Eifel keine Kohle gibt, wurde der Wald in riesigen Kohlenmeilern Tag und Nacht zu Holzkohle verarbeitet. Das ging einige Jahrhunderte, dann war kein Wald mehr da. Könnt Ihr Euch das vorstellen? Die Bäume fast aller Wälder, die Ihr heute in der Eifel seht, sind erst seit Mitte des vergangenen Jahrhunderts oder in den letzten fünfzig Jahren gepflanzt worden. Gottlob hat es mit dieser Umweltzerstörung ein Ende gefunden. Aber die Erzgruben existieren noch – als Besucherbergwerke, und Ihr habt ja schon einige kennengelernt.

An der Ortseinfahrt stoßt Ihr auf eine Weggabelung mit dem bekannten Radweghinweisschild und einer Markierung auf dem Pfosten *K 12.* Ihr haltet Euch halblinks und folgt dem Sträßchen bis zu einer kleinen Kreuzung. Rechts steht das *Feuerwehrhaus* und nach links weist die Markierung auf *R 28* und *Kronenburger Stausee.* Dann ist auch bald die nächste Einbiegung *Insel* erreicht, in die wir rechts einfahren. Am besten ist es, wenn Ihr jetzt von Euren Rädern absteigt, ein Schild macht Euch darauf aufmerksam. Ihr befindet Euch auf einem großen Spielplatz, wo viele Kinder kreuz und quer durch die Gegend rennen. Also ein bißchen aufpassen, aber das brauche ich Euch eigentlich gar nicht sagen. Für eine erste gute Rast ist hier bestens gesorgt. Schattige Plätzchen, zu essen und zu trinken und leckeres Eis bekommt Ihr von früh bis spät am Kiosk. Wer Lust hat auf eine Partie Mini-Golf oder ein Tennis-Match, es ist alles bereit für fröhliche Kinder.

Nachdem wir uns erholt und gestärkt haben, folgen wir dem Hinweis *Bootsverleih*. Kurz vor der Treppe befindet sich links ein toller Abenteuer-Spielplatz, den Ihr unbedingt ausprobieren solltet. Ein paar Stufen sind zu gehen, dann haben wir auch schon den Radweg erreicht, der uns nach rechts zum Stausee führt. Hinter einem Parkplatz stoßen wir auf eine *rot-weiße Barriere*, die wir am Durchgang für Fußgänger und Radfahrer passieren.

Hinter der Sperre öffnet sich der Blick auf die mächtige Staumauer und den im Sonnenlicht glitzernden See. Jetzt radeln wir auf dem Rundwander-Radfahrweg um den Kronenburger Stausee. Dann sind wir auch schon am **Bootsverleih** angelangt. Tretboote stehen zur Verfügung, und es macht großen Spaß, mal eine Runde auf dem See zu drehen. Oberhalb des Bootsverleihs befindet sich eine Grillhütte für den zweiten oder dritten Hunger, und der Duft weht verlockend zu uns herunter. Wer sich länger ausruhen möchte, der nimmt einfach auf der Liegewiese ein Sonnenbad. Die immer aktiven Radfahrer finden unterhalb der Grillhütte noch einen dritten Spielplatz, auf dem es sich herrlich toben läßt.

Auf der ganzen Tour finden sich Sitzbänke für einige Augenblicke des Ausruhens und Genießens, denn die herrliche Eifellandschaft ist einfach zu schön, um „nur" mit dem Fahrrad hindurchzufahren. Anhalten, absteigen und genießen, das sind ganz wichtige Dinge bei einer Radtour, die Ihr nie vergessen dürft. Ehrenwort.

Immer wieder gibt der Wald den Blick frei auf den See, und dann habt Ihr das Ende des Hauptsees und den Überlauf des Vorsees erreicht. Ein Stück nur geradezu steht eine Schutzhütte, von der man einen phantastischen Ausblick über das ganze Tal hat. Rechts davon führt uns eine Holzbrücke über das schäumende Wasser der Kyll auf das andere Ufer des Sees, wo der Radweg weiterführt.

Jetzt werdet Ihr fragen, warum es einen Haupt- und einen Vorstausee gibt? Nun, Regen und Schnee fallen wie sie wollen. Mal mehr, mal weniger. Manchmal ist es so viel, daß die Bäche und Flüsse nicht alles aufnehmen können. Dann gibt es Hochwasser. Um diese Gefahr zu bannen, wurde der Vorsee erfunden. Hier fließen zunächst alle Wässer zusammen, und wenn die erste Wildheit vor rüber ist, dann fließt es weiter in den Hauptsee und von dort über einen Auslauf in die Kyll. Eine sehr praktische Einrichtung, die uns und vielen anderen Menschen bei allem Nutzen noch sehr viel Freude und Spaß schenkt.

Wir befinden uns nun auf einem schmalen und teilweise hügelig verlaufenden Weg, der zudem mit lockerem Untergrund versehen ist. Also radelt entsprechend langsam und gebt besonders auf Fußgänger acht. An zwei Stellen ist es ratsam, abzusteigen und das Rad zu schieben, weil die Wegführung nur geringe Einsicht auf den Weg erlaubt. Aber das ist nur ein kurzes Stück. Jetzt weitet sich der Rad-Wanderweg sichtlich, und dann ist die große *Holzbrücke* über die Straße erreicht. Wir unterqueren die Brücke und fahren bis zum Staudamm. Geradezu weist ein Schild auf die Fahrtrichtung nach „Kronenburg". Das ist unser nächstes Ziel. An der *grün-weißen Barriere* vorbei radeln wir auf dem Radweg der „St. Vither Straße" bis zur Fußgängerampel. Wir fahren auf die andere Straßenseite, um am Gasthaus „Zum See" den Radweg rechts hinauf nach Kronenburg zu nehmen. An der Einmündung zur Auffahrt nach Kronenburg biegen wir halblinks ein, und erreichen in der ersten Kurve das „Burg-Café".

Wem der Anstieg zu beschwerlich ist, der sollte sein Fahrrad auf der linken Straßenseite schieben. Da verläuft nämlich ein Gehweg! In mehreren Serpentinen windet sich die Straße hinauf in das mittelalterliche Burgdorf. Endlich seid Ihr an der „Gerichtsstraße" angelangt. Eine kleine Verschnaufpause tut jetzt gut.

In der Mitte der Straße befindet sich ein Rondell mit Blumen und Holzwegweisern *Berk – Baasem*, und halbrechts an einer Hauswand bemerkt Ihr ein Hinweisschild mit der Aufschrift *Hasenberghof – Hofkäserei.* Bis dahin sind es nochmals 400 Meter, für die Ihr aber köstlich entlohnt werdet.

Die Bauersleute machen einen Käse (Ihr könnt dabei zusehen – es wird alles erklärt), der Euch das Wasser im Munde zusammenlaufen läßt. Und vielleicht bekommen die fleißigen Radfahrer für ihre Mühen, nach Kronenburg hinaufzuradeln, eine Extraportion. Danach schaut Ihr Euch den wunderschönen Ort an, von wo aus Ihr einen herrlichen Ausblick in das prachtvolle Eifelland habt. Ein Künstlerdorf ist Kronenburg heute, aber im Mittelalter lebten hier die Grafen und ganz früher die Ritter. Heute geht es geruhsamer zu, und in den Gassen und Winkeln des Burgdorfes ist die Zeit im wahrsten Sinne des Wortes stehengeblieben. Und auf dem *Bergbering* könnt Ihr fast das gesamte Dorf durchwandern. Im Sommer habt Ihr die Möglichkeit, als Zuschauer die Wilhelm-Tell-Spiele zu beobachten oder den Künstlern im Dorf zuzusehen, wenn diese die alten Häuser, den mächtigen Bergfried oder die Ruine der Burg malen. Auch eine schöne Kirche besitzt Kronenburg, eingebaut in die Stadtmauer. Nur ein einziger Pfeiler steht mitten im Kirchenschiff, und der trägt das ganze Gewölbe. Daher heißt diese Kirche auch Einstützkirche. Eine tolle Leistung der damaligen Baumeister. Natürlich gibt es auch in

Kronenburg zu Essen und zu Trinken, denn nach so einer anstrengenden Bergfahrt habt Ihr Euch eine Belohnung mehr als verdient. Laßt Euch genug Zeit, denn es gibt so viel zu entdecken und stöbern. Schaut Euch auch in den kleinen Lädchen um, die allerlei lustiges Stoffgetier anbieten, knifflige Spiele aus Holz und tolle Bücher zur Geschichte des Dorfes und seiner Umgebung.

Herr von Weißnicht am Minigolfplatz

Nachdem Ihr Euch ausgiebig mit allem befaßt habt, radeln wir durch das Burgdorf zurück bis zum Rondell an der „Gerichtsstraße". Auf einem Schild steht *Hallschlag-Kronenburger See.* Diesem Hinweis folgen wir bergab. Liebe Kinder, Ihr habt den Weg hinauf nach Kronenburg noch in ganz frischer Erinnerung. Das war ziemlich steil. Genauso geht es jetzt bergab. Aber langsam Freunde, schön langsam. Wenn es gar zu schnell wird, dann haltet an und geht auf dem Bürgersteig zu Fuß weiter. Schließlich sollt Ihr gesund und munter diese Tour beenden. Natürlich kann ich mich auf Euch verlassen, denn Ihr habt ja noch die Verantwortung für die lieben Eltern.Ach – die haben wir ja ganz vergessen zu begrüßen. Guten Tag liebe Eltern – geht es noch mit dem Radfahren? Ich denke schon, denn unsere Touren sind doch gut zu fahren. Und ab und an mal ein wenig schwitzen ist ja sehr gesund. Wir haben es gleich geschafft, dann sind wir wieder auf dem Radweg zum Kronenburger Stausee.

Wir folgen der *B 421* bis zur Ampel, überqueren die Straße und fahren auf dem *Radweg F1/F 8* hinein auf dem „Neuer Weg" nach Kronenburgerhütte. Dann ist die **Kyll** erreicht, und schon befahren wir erneut den Radweg *R 28*, der uns zurück nach Stadtkyll führt. Erfreut Euch an der Pracht der Wiesen und Weiden, den vielen Blumen, Vögeln und Insekten.

Am Duft des herben Waldmeisters, der Farbenpracht der Wilden Wicke, dem kräftigen Gelb des Rainfarn, den lieblichen Blüten des Weidenröschens, an den dichten Blüten des Roten und Weißen Klees, dem leuchtenden Violett der Witwenblume und den unzähligen Gräsern und Farnen, die die Eifelwelt wie einen dichten Teppich überziehen. Und das alles erlebt und seht Ihr auf Euren Radtouren. Dann ist auch schon **Stadtkyll** erreicht, noch ein Katzensprung durch den Ort, hinein ins Wirfttal, wo schon Freibad und Riesenrutsche und ein großes leckeres Eis auf Euch warten. Denn Ihr habt diese Rad-Wandertour ganz hervorragend gefahren. Dafür ein dickes Lob – auch an Eure lieben Eltern. Viel Spaß noch im Freibad, alles Gute auf allen Euren Radwegen und bis zum nächstenmal bin ich

Euer Weißnicht

Wie kommt man nach Stadtkyll?
Am besten mit der DB. Der Bahnhof ist in Jünkerath, nur 4 km von Stadtkyll entfernt.
Mit dem PKW über die B 51, Autobahn A 1 bis Blankenheim.

i

Weglänge: 21 km

Landal Green Park

Öffnungszeiten:	ganzjährig

Vulkamaar

Öffnungszeiten:	ganzjährig
Eintritt:	individuell zu erfragen, da kombiniert mit Ferienpark-Nutzung

Mühlenberger Stollen, Bleialf

Öffnungszeiten:	1. Mai bis 31. Oktober	
	samstags und sonntags	14.00 – 17.00 Uhr

Bootsverleih Kronenburger Stausee

Öffnungszeiten:	Mitte/Ende April bis Mitte Oktober	
	bei schönem Wetter	10.00 – 22.00 Uhr
Preis:	Tret- und Ruderbote	
	1/2 Stunde	DM 6,00
	1 Stunde	DM 10,00
Auskünfte:	Telefon 0 65 57/4 32	

Besucherbergwerk

Eintritt:	Erwachsene	DM 2,00
	Jugendliche	DM 1,00

Auskünfte:	Tourist-Information Oberes Kylltal, Kurallee, 54589 Stadtkyll, Telefon 0 65 97/28 78, Telefax /48 71 Ferienpark Wirfttal, 54589 Stadtkyll, Telefon 0 65 97/9 29 20
Einkehrmöglichkeiten:	Ferienparkrestaurant „Wirfttal" (ganzjährig geöffnet, Telefon 0 65 97/9 29 20) Kiosk „Am Stausee" (Ende März bis Ende Oktober, täglich geöffnet, Telefon 0 65 57/8 94) Grillhütte „Am See" (täglich geöffnet) Kronenburg

Hasenberghof, Handkäserei
(donnerstags und freitags, 16.00 bis 19.00 Uhr, samstags 10.00 bis 12.00
und 16.00 bis 19.00 Uhr)
Hotel Garni Bootsverleih
(Telefon 0 65 57/4 32)
Haus am Burgturm (Telefon 0 65 57/4 32)
Stadtkyll, Haus am See
(Telefon 0 65 97/23 36)
Haus Masson (Telefon 0 65 97/23 39)

Tips:
Besuch des Mühlenberger Stollens in Bleialf (Besucherbergwerk). Fahrt zum Schwarzen Mann, Wintersportgebiet und höchste Erhebung der Westeifel. Ausflug zur Dahlemer Binz, Segelflugplatz. Besuch der einzigen Trappistinnen-Abtei Deutschlands in Dahlem „Maria Frieden".

Kartenempfehlung:
1 : 50 000 Landesvermessungsamt Nordrhein-Westfalen, Deutsch-Belgischer Naturpark, Rureifel – Hohes Venn

Wo Neandertaler, Kelten und Römer lebten

Guten Morgen Kinder, liebe Eltern. Wie immer seid Ihr alle in bester Verfassung und könnt es kaum erwarten, neue Rad-Wandertouren kennenzulernen. Ich habe auch wieder eine Route im Gepäck, einen Leckerbissen im wahrsten Sinne des Wortes. Heute unternehmen wir eine Fahrt durch die Kalkeifel. Richtig gehört, Kalk. Es gibt ja nicht nur Vulkanlava, Buntsandstein und Grauwacke in der Eifel, sondern auch viel Kalk. Dieser entsteht auf verschiedene Art. So aus Lebewesen wie Muscheln und Schnecken. Die bauen dann über Jahrmillionen richtige Riffe, wie das Korallenriff bei Gerolstein. Oder aus Calciumcarbonat. Das ist ein Mineral und bildet gewaltige Gebirge. Der Kartstein zwischen Nettersheim und Weyer zum Beispiel wird auch Kalktuff genannt. Er ist das Ergebnis von Süßwasserablagerungen während einer wärmeren Periode, einer Eiszeit vor ungefähr 300 000 Jahren. Ganz schön lange her, aber wenn Ihr bedenkt, wie dick der Kalktuff ist, dann wird einem schnell klar, daß die Natur eben so lange braucht für ihre Schöpfung. Na ja, und viele Jahre später hat dann das Wasser zahlreiche Höhlen aus diesem Gestein herausgewaschen. Die werden wir besichtigen, und ich kann Euch sagen, das macht unheimlich viel Spaß und gibt gute Laune. Und zu entdecken haben wir soviel auf unserer Radtour, zu der wir jetzt aufbrechen.

Wir starten in **Nettersheim** vom **Naturkundezentrum** aus, das Ihr im Anschluß an die Tour noch besichtigen werdet. Am besten bleibt Ihr gleich zwei Tage dort, denn es gibt wirklich soviel zu sehen, und die Landschaft ist zum radfahren wie geschaffen. Gleich neben dem Naturkundehaus plätschert die Urft. An der entlang radeln wir durch den *Erlebnispark*, wo schon viele Fundstücke aus alter Zeit zu sehen sind. Dann queren wir eine Holzbrücke und gelangen auf die örtliche Hauptstraße, wo wir rechts einbiegen. Vor uns liegt der Bahnhof von Nettersheim, was ungemein praktisch ist. So kann man völlig auf das Auto verzichten! Auf der Hauptstraße geht es weiter über den Bahnübergang leicht bergan, vorbei am „Café Hess" bis zum Hinweisschild *Zingsheim.* Dort biegt Ihr links ein und fahrt hinunter bis zum Gasthaus „Zur Römerquelle". An der rechten Straßenseite steht ein *Hinweisschild* nur für Radfahrer. Die Pfeile weisen nach links und sind numeriert mit *F 6* und *R 13.* Nun geht die Fahrt, vorbei am Gasthaus, hinab ins Urfttal. Der Radweg führt immer in Sichtweite der Bahngleise und ist sehr gut zu fahren. Hinter der Kläranlage erreicht Ihr eine Brücke mit dem Hinweisschild *Grüner Pütz.* Dem Hinweis folgt ihr, überquert die Urft, um nach 200 Metern gleich wieder rechts einzubiegen auf den *römischen Wasserleitungsweg,* gekennzeichnet durch ein *geschlossenes, kopfstehendes U.*

Der Fahrweg ist nun in der Beschaffenheit etwas rauher, aber wir fahren ja kein Rennen, sondern machen eine Radtour. Überall auf den Hangwiesen blühen Unmengen an verschiedenen Blumen. Wiesensalbei, Knäuelglockenblume, Witwenblume, Baldrian, Thymian, Poleiminze, Taubenskabiose und viele andere mehr. In den Senken, wo es sonnig und feucht ist, recken die Eifelorchideen ihre stattlichen Blütenstände in den blauen Himmel. Und prachtvolle Schmetterlinge, so der Perlmutterfalter und Schwalbenschwanz gaukeln durch die Lüfte. In der Thermik kreisen Milan und Bussard, und aus den dichten Hecken ertönt der Gesang der Nachtigall. Zwischen den Gräsern schlängeln sich Ringelnatter und Blindschleiche, und auf den erwärmten Felsen lassen sich Bergeidechsen von der Sonne verwöhnen. Die Kalkeifel ist berühmt für ihren Pflanzen- und Tierreichtum. Die Kalkmagerrasen bringen eine ungewöhnlich vielseitige Pflanzenwelt hervor. Das liegt einmal am Kalk, der sehr mineralreich ist. Dann an seiner guten Wasserdurchlässigkeit und der raschen Erwärmung. Ideale Bedingungen für gutes Pflanzenwachstum.

Wir gelangen zu einer Weggabelung mit Wegkreuz, deren linkem Abzweig wir folgen (Hinweisschild *F 6/R 13*). Hier bietet sich eine erste Rast an, denn die Aussicht ins Urfttal ist hinreißend. Zwischen hohen Kiefern leuchten die mächtigen Kalkfelsen fast weiß wie Eisberge. Das landschaftliche Bild wechselt, das Urfttal weitet sich, und überall seht Ihr Aufschlüsse (ehemalige Steinbrüche) in den Hanglagen. Aus dem Talgrund klingt das Rauschen der Urft an unsere Ohren. Und dann ein greller Pfiff, der uns aus unseren Radfahrträumen reißt. Es ist die Eisenbahn, die Ausflügler und Urlauber durch das Urfttal in die Eifel bringt. Am rechten Wegesrand tauchen immer wieder Bänke und Sitzgelegenheiten auf, die zum Verweilen und Picknick einladen. Dann werdet Ihr auf ein Fachwerkhaus aufmerksam. Hier befindet sich die Quellfassung des *Grünen Pütz.* Von dieser Stelle aus nahm die ehemalige römische Wasserleitung ihren Ausgang und versorgte das ferne Köln über 110 Kilometer täglich mit frischem Eifelwasser. Und das vor 2 000 Jahren. Eine phantastische Leistung der Straßenbauer und Ingenieure – findet Ihr doch sicher auch. Natürlich sprudelt die Quelle noch heute, und das Wasser schmeckt köstlich. Probiert es auf alle Fälle. Dann heißt es irgendwann weiterfahren bis zur nächsten Wegegabelung, an der Ihr Euch rechts haltet. Talwärts schlängelt sich der Weg durch eine weitläufige Wiesenlandschaft mit uralten Bäumen. Jetzt heißt es aufgepaßt, denn Ihr gelangt an einen weiteren Bahnübergang, der überquert wird. Wir nehmen den Weg geradezu, der über eine Brücke und die Urft führt. Nun teilt sich der Weg erneut, doch jetzt halten wir uns an die rechte Abzweigung. Und nun kommt etwas Besonderes: In dieser

Abzweigung seht Ihr links im Hang einen grasbewachsenen Weg. Diesen Weg solltet Ihr hinaufgehen – und schon steht Ihr vor dem Eingang der **Achenlochhöhle**. In die Höhle selbst könnt Ihr nicht hinein, da Gitter den hinteren Zugang versperren – wegen der Fledermäuse, die dort überwintern. Trotzdem ist diese erste Höhle sehenswert.

Danach radeln wir nun Urftaufwärts, und der Weg ist nach einer Weile asphaltiert. Jetzt erreichen wir einen Holzwegweiser mit der Aufschrift *Urft* und zur *L 203.* An der Einmündung radeln wir nun bergan auf die *L 203* zu. In diesem Tal genießt Ihr die malerische Schönheit der Eifelblumen in ihrer ganzen Fülle. Die Wiesen sind übersät mit Blumen, und ihr Duft liegt süß in der Luft. Bienen, Hummeln und Schmetterlinge summen und flattern von einer Blüte zur anderen, und die Vielfalt der Natur will kein Ende nehmen. Vorbei geht die Fahrt an einem *Pilgerstein* und einem verwunschenen Kiefernhain. Dann stehen wir an der Einmündung in die *L 203.* Auf diese Landstraße biegen wir links ein und fahren 300 Meter bis zum Wirtschaftweg „Kreuzweg". Dieser Weg führt uns über die Höhen des Kartsteingebirges bis hinunter nach Weyer und Dreimühlen. Genießt die herrliche Aussicht über die Eifelberge. Ganz in der Ferne könnt Ihr die Häuser von Euskirchen erkennen. Und zur rechten erhebt sich das Radioteleskop und die Sternwarte auf dem *Stockert.* Es ist der kleinere Bruder des größten Radioteleskopes der Welt auf dem *Effelsberg* bei *Bad Münstereifel.* Das solltet Ihr Euch unbedingt ansehen. Ihr gelangt zu einer großen Kastanie mit Bildstock aus dem Jahre 1749, wo Ihr wunderbar rasten könnt, denn dort oben geht immer einer leichte Brise, und die Aussicht ist in der Tat atemberaubend. Unter Euch im Tal seht Ihr bereits zum Greifen nah den Ort und die Kirche von Weyer. Wir befinden uns jetzt auf dem Wanderweg *A 3,* der uns bis zur Straße „Neuer Weg" geleitet. Hier bietet sich ein interessanter Bio-Garten mit dem Namen *Eifelgold* zur Besichtigung an. Schaut Euch unbedingt dort um. Außer drei verspielten Rauhhaardackeln findet Ihr auch einiges zu naschen. Dort biegen wir links ein, fahren bis zum Ende durch und schwenken dann ein auf die Straße zur Kirche. Die schmucke Dorfkirche lädt zum Verweilen ein. Das kann ich an heißen Sommertagen nur empfehlen, denn in den Kirchen ist es stets angenehm kühl. Wir bleiben auf dem Radweg, der hinter dem Friedhof in einen Feldweg übergeht. Zur Linken erhebt sich ein altes Wegkreuz und rechts tummeln sich Pferde auf einer Weide. Wir folgen dem Wiesenweg bis zur Einmündung auf den *Wanderweg A 3/A 7 Schwarzer Winkel* und biegen rechts ein auf die Abfahrt zur B 477. An der Einmündung fahren wir links talwärts und haben nach 150 Metern den Parkplatz von *Dreimühlen* erreicht.

Eingang zur Kakus-Höhle

Am Kiosk könnt Ihr die Räder abstellen und die letzten Meter zur **Kakus-Höhle** zu Fuß gehen. Für die Besichtigung solltet Ihr Euch Zeit genug lassen. Treppen führen auf das „Dach" der Höhle, wo Menschen vor Jahrtausenden einen Schutzwall anlegten. Und im Inneren herrscht schummriges Licht, das uns eine Ahnung davon gibt, wie die ersten Menschen vor vielen hunderttausend Jahren hier lebten.

Der Frühzeitmensch nutzte die Kakus-Höhle als Lager- und Sammelplatz. Zuvor suchten Höhlenbären, Luchse und Auerochsen den natürlichen Schutzraum auf, was sich an zahlreichen Knochenfunden nachweisen läßt. Als vor 13 000 Jahren der Laacher Vulkan explodierte, haben Menschen in der Höhle gelebt und das furchtbare Ereignis hautnah miterlebt. Später bauten nachfolgende Volksgruppen, so die Kelten, einen Schutzwall auf das Dach der Höhle, der jedoch im Laufe der Zeit an Bedeutung verlor. Die Römer kamen und nutzten den vorhandenen Kartstein als Steinbruch. Dann geriet die Höhle in Vergessenheit und wurde von den Dörflern der Umgebung landwirtschaftlich genutzt. Erst im 19. Jahrhundert begannen sich Bürger für das Innenleben der Kakus-Höhle zu interessieren. Ausgelöst wurde diese „Höhlensucht" durch die Knochenfunde des Neanderthalers im Düssel- oder Neanderthal bei Düsseldorf. Man begann, die Höhle zielstrebig zu erforschen und stellte das ganze Gebiet unter Naturschutz. Jetzt konnte sich die Eifel-Pflanzenwelt ungehemmt entfalten. Was von den Menschen übrigblieb, was sie in der Höhle zurückließen, ist im Heimatmuseum Blankenheim zu besichtigen. Zahlreiche Nebenhöhlen locken Euch mit riesigen Mäulern, so die „Dunkle Kammer", die heute durch ein Gitter abgesperrt ist – wegen der Fledermäuse, die dort in der kalten Jahreszeit ihren Winterschlaf verbringen. Wenn Ihr also einmal Fledermäuse sehen wollt, dann besucht die Kakus-Höhle im Winter. Selbstverständlich könnt Ihr die Kakus-Höhle auch ganz umwandern und bis hinab ins Urfttal klettern. Überall führen Treppen hinauf und herunter. Der Kartstein um die Kakus-Höhle ist ein richtiges Paradies, ein Abenteuerspielplatz, wie er schöner nicht sein kann. Dennoch wirken die steilen, wild-zerklüfteten Wände bedrohlich und unheimlich, was Euch aber nicht erschrecken sollte. Macht davon tüchtig Gebrauch und erkundet alles, aber achtet Pflanzen und Tiere. Damit Ihr den Riesen Kakus nicht verärgert, der seit Urzeiten mit Höhlenbären und Auerochsen in dieser Höhle haust. Wer Lust hat auf eine zünftige Grillparty, der kann das auf dem freien Platz zwischen Kiosk und Höhle tun. Da befindet sich nämlich eine tolle Grillstelle, und was schmeckt nach einer anstrengenden Höhlenerkundung besser, als eine selbstgebratene Wurst. Am Kiosk bekommt Ihr dazu die passende Erfrischung, leckere Limonade oder Sprudelwasser. Nach soviel Abenteuer, ausruhen, essen und trinken sind wir dann wieder fit für die Rückfahrt nach Nettersheim. Was jedoch nicht heißt, daß es nun vorbei ist mit den Abenteuern. Doch laßt Euch überraschen.

Zunächst radeln wir auf gleichem Weg zurück bis zu jenem *Holzwegweiser*, der uns auf der Hintour zur L 203 führte. Wenn Ihr nun an dieser Abzweigung steht, dann fahrt Ihr links, flußaufwärts ins Tal hinein. Dieser Weg zurück nach Nettersheim ist wunderschön zu fahren und gibt immer wieder den Blick frei auf herrliche Blumenwiesen und steil aufragende Felsen. Dann kommt Ihr an eine Brücke, die Ihr schon von der Hinfahrt kennt. Ihr fahrt jedoch geradeaus weiter bis zu *Kläranlage*.

Bevor der Weg aus dem Wald herausführt, bemerkt Ihr zu Eurer Linken im Hang einen Trampelpfad. Der führt Euch direkt zu den *Mannenberghöhlen*, die Ihr unbedingt besichtigen sollt. Auch hier haben emsige Naturschützer Fledermausschutzgitter installiert, damit die Fledermäuse im Winter ruhig schlafen können. Nach dieser „Höhlentour" ist es nur noch ein Katzensprung bis zum *Naturkundezentrum* in *Nettersheim*, das noch weitere Überraschungen für Euch bereit hält, wie z. B. den Erlebnispark, einen wunderschönen Naturgarten, eine alte Schmiede, das Jugendgästehaus und eine tolle Ausstellung, die ausführlich über Tiere und Pflanzen der Kalkeifel berichtet. Gleich hinter dem Naturkundezentrum beginnt auch der Geschichts-Lehrpfad, der Euch über verschlungene Wege durch die prächtige Kalkeifel führt, vorbei an römischen Tempeln, Grabstelen und Götterstatuen. Wenn Ihr also mal keine Lust auf Radfahren habt, dann wäre das doch genau das Richtige. Jedenfalls bin ich sehr stolz auf Euch und Eure Eltern. Einfach super, wie Ihr diese Tour gefahren seid.

Euer Weißnicht

i

Wie kommt man nach Nettersheim?
Am besten mit dem Zug. DB-Bahnhof in Nettersheim. Züge von Köln über Euskirchen nach Trier und umgekehrt.
Mit dem Auto die A 1 Köln-Blankenheim, Abfahrt Nettersheim. Dann auf der B 477 bis zur Ortszufahrt Zingsheim. Weiter geht's auf der L 205 nach Nettersheim.

Weglänge: 24,5 km

Naturschutzzentrum Nettersheim

Öffnungszeiten:	montags bis freitags	9.00 – 16.00 Uhr
	samstags, sonn- und feiertags	10.00 – 17.00 Uhr
Eintritt:	Erwachsene	DM 3,00
	Kinder	DM 2,00
	Für Gruppen ab 8 Personen gibt es Ermäßigungen.	
Führungen:	Aufpreis zum Eintritt:	
	Erwachsene	DM 1,50
	Kinder	DM 1,00
Auskünfte:	Naturschutzzentrum Telefon 0 24 86/12 46, Telefax /78 78	

Bio-Garten Eifelgold

Öffnungszeiten:	Anfragen Neuer Weg in Weyer, Telefon 0 24 84/24 37

Kiosk „Zur Kakus-Höhle"

Öffnungszeiten:	mittwochs bis montags 10.00 – 19.00 Uhr Es werden warme Mahlzeiten angeboten!
Auskünfte:	Telefon 0 24 84/6 81
Einkehrmöglichkeiten:	Café Hess, Nettersheim, Restaurant „Zur Römerquelle", Kiosk „Zur Kakus-Höhle"

Tips:

Fahrt zum größten Radioteleskop der Welt auf dem Effelsberg nahe Münstereifel.

Geologischer und geschichtlicher Lehrpfad in Nettersheim. Handwebmuseum in Rupperath bei Bad Münstereifel sowie die römische Glashütte, die Zinngießerei und Printenbäckerei und das Apothekenmuseum in Bad Münstereifel.

Nicht zu versäumen das Kreis- und Heimatmuseum in Blankenheim, ein Besuch des Rheinischen Freilichtmuseums in Kommern sowie die Ritterspiele auf der Burg Satzvey nahe Mechernich.

Kartenempfehlung:

1 : 50 000 Landesvermessungsamt Nordrhein-Westfalen, Rad-Wanderkarte Rureifel-Hohes Venn

Eine Zweiländerfahrt durch Deutschland und Luxemburg

Guten Tag Kinder. Ist das wieder ein Tag heute. So richtig gemacht zum radfahren und tolle Abenteuer erleben. Ich war für Euch in der Süd-Eifel unterwegs und habe eine super Tour entdeckt. Was es auf dieser Fahrt alles zu sehen gibt, das werdet Ihr jetzt gemeinsam mit mir und Euren Eltern entdecken. Ihr seid wie immer gut drauf – und die Eltern? Denen macht es bestimmt genauso viel Spaß, wenn sie sehen, was für erstklassige Rad-Wanderführer ihre Kinder sind. Ihr seid schon gespannt darauf, was kommt. Dann kann es gleich losgehen. Damit Ihr auch genau wißt, wo Ihr mit dem Fahrrad herumfahrt, will ich Euch die Landschaft ein wenig erklären. Die Südeifel ist wie die Hoch- und Vulkaneifel ein Teil des Eifelgebirges. Aber sie ist noch etwas Besonderes, nämlich Bestandteil des Deutsch-Luxemburgischen Naturparks. Das ist ein riesiges Gebiet, durch das herrliche Rad-Wanderwege führen. Entstanden ist dieser Eifelteil vor vielen hundert Millionen Jahren. Die mächtigen Felsen und Schluchten, die Ihr überall seht, waren einst der Boden und das Ufer eines tropischen Meeres. Kaum vorstellbar, aber wahr. Und durch diese phantastische Felskulisse haben sich später zahlreiche Flüsse ihren Weg gebahnt. Einer dieser Flüsse ist die Sauer. Dieser Fluß ist teilweise auch die Grenze zwischen Luxemburg und Deutschland. Und zu beiden Seiten gibt es einen wunderschönen Radweg. Den bin ich für Euch schon vorgefahren. Was es auf dieser Fahrt zu sehen und zu bestaunen gibt, das werdet Ihr nun selbst entdecken.

Start und Ziel unserer Rad-Wandertour ist der **Uferparkplatz** in **Bollendorf** an der Sauer. Dort läßt sich unter Kastanien wunderschön auf Bänken sitzen und den Bootsfahrern zusehen. Aber zuerst fahren wir zur „Aufwärmung" ein Stück mit dem Rad. Gleich auf der Uferpromenade führt der Radweg lang. Den radeln wir bis zu einer kleinen Kreuzung flußaufwärts, überqueren die Straße und fahren auf der anderen Seite über einen befestigten Weg am Ufer entlang zum Campingplatz „Sauerufer". Wir lassen den Ferienplatz hinter uns und gelangen, immer dem Radweg folgend, auf einen malerischen Uferweg, der uns durch eine urwüchsige, vielgestaltige Natur führt. Mächtige Felsen säumen die Strecke, und manchmal ist es einfach zu schön, um nur Rad zu fahren. Dann wird halt ein paar Meter zu Fuß gegangen. Uralte Bäume recken ihre Stämme in den blauen Himmel, über dem Wasser tummeln sich die Libellen, und die Fische springen vor Freude aus dem Wasser. Zahlreiche Quellen entspringen dem felsigen Grund und queren den Radweg. Ihr könnt unbesorgt aus diesen Quellen trinken, es ist einfach köstlich.

Dann habt Ihr auch schon den nächsten **Campingplatz**, die „Altschmiede" erreicht.

Wenn Ihr wollt, dann könnt Ihr Euch hier erfrischen, ein Boot leihen oder einfach nur ausruhen und die wunderschöne Landschaft genießen. Oder Ihr nehmt einfach ein Duschbad. Das kostet nichts extra und macht Eure Eltern wieder top-fit. Ach so, einen Spielplatz gibt es natürlich auch auf jedem Campingplatz, und wer jetzt schon großen Hunger hat, der kann in den Grillstuben eine leckere Mahlzeit verspeisen.

Jetzt wechselt die Landschaft, das Tal der Sauer weitet sich und macht einer offenen Auenlandschaft Platz. Wunderschöne Blumen sind zu sehen, die Rote Kuckuckslichtnelke, die Schwarze Königskerze, Knabenkraut-Orchideen und Ragwurze. Aber auch zahlreiche seltene Vögel bevölkern die Lüfte, so der Turmfalke, der Rote Milan, Habicht und Bussard und – der mächtige Uhu, der seine Horste in den zerklüfteten Schluchten rund um Bollendorf besetzt hält. Mit ein wenig Glück seht Ihr auch Mufflons, das sind Bergziegen, die vor Jahren wieder eingebürgert und seitdem im Bergland um Bollendorf heimisch wurden.

Über einen geschotterten Feldweg geht es bergan bis zur Straße, in die wir links einbiegen. Wir benutzen eine sehr ruhige Nebenstraße, so daß die zwei Kilometer bis zum nächsten Campingplatz durch artenreichen Mischwald ein richtiger Genuß werden. An der zweiten asphaltierten Wegeinfahrt könnt Ihr auf den Campingplatz „Dillingerbrück" bis zur Brücke einbiegen. So braucht Ihr nicht weiter über die Straße zu fahren. Eine Besonderheit solltet Ihr Euch auf jeden Fall ansehen, das ist die **Tränen-Lay**. Hier hat vor Jahrmillionen das Meerwasser aus der Felswand eine mächtige Höhle ausgewaschen. Über die Felskante fließt Wasser herab bis zur Höhle und bildet einen Vorhang aus Millionen Tropfen. Im Laufe der Zeit haben sich so mächtige Moospolster gebildet, und wenn es viel geregnet hat, dann habt Ihr Gelegenheit, einen richtigen Wasserfall zu bewundern. Natürlich könnt Ihr Euch auch darunter stellen und ein prickelndes Bad nehmen.

Nach diesem Ausflug in die Urzeit queren wir über eine Brücke die Sauer und – sind in **Luxemburg**. Hauptstadt und Land heißen übrigens gleich, aber das wißt Ihr ja schon aus der Schule. Gleich hinter der Brücke biegt Ihr links ein auf den Radweg zur Sauer. Jetzt fahrt Ihr wieder flußabwärts. Ihr folgt dem gelben Schild, auf dem ein *blaues Rad* aufgemalt ist. Vor dem Campingplatz findet Ihr ein Fahrradgeschäft. Dort werden auch Reparaturen ausgeführt, wenn es denn sein sollte. Nun nehmt Ihr den Weg am Ferienplatz vorbei und folgt dem wild-romantischen Lauf der Sauer hautnah. Stromschnellen kommen in Sicht, und zeitweilig spritzt das Wasser bis auf den Radweg. Kleine Bauminseln behaupten sich in der schäumenden Flut, und die Kajakfahrer haben alle Hände voll zu tun, Ihr Boot auf Kurs zu halten. Graureiher stehen unbeweglich am Ufer und versuchen wie die Angler Ihr Glück auf einen guten Fang. Das Hinweisschild *Beaufort* ist erreicht. Dort befindet sich zur Linken ein idyllischer Rastplatz direkt am Ufer.

Unser Weg führt jedoch weiter auf *Echternach* zu. Wenn Ihr einmal richtige Canyons sehen wollt, so wie in Amerika, dann macht mit Euren Eltern doch einen Abstecher ins Müllerthal. Die Zufahrt dahin liegt auf Eurem Radweg, und für die Anstrengungen werdet Ihr durch ein phantastisches Panorama und sagenhafte Gebirge, wilde Schluchten und tiefe Höhlen belohnt.

Einen Vorgeschmack auf diese gewaltigen Steinformationen erhaltet Ihr ab der Ortschaft **Grundhof**, wo sich das Gebirge wie eine unüberwindliche Barriere fast bis an den Fluß schiebt. Schluchten, Höhlen und Wasserfälle bilden eine beeindruckende Kulisse. Nach diesem Ausflug in die „Steinzeit" hat uns die Zivilisation wieder, denn wir radeln nun durch gepflegte Kleingärten längs der Sauer, und gelangen bald zu einer *Tankstelle*, wo wir auf den Radweg an der Straße stoßen. Nach 200 Metern geht es jedoch wieder linkerhand zum Fluß hinab durch schmale Gassen, gesäumt von kleinen Häuschen und Gärten.

Die Sauer verändert nun abermals Ihr Aussehen, Inseln und Stromschnellen prägen das Bild des Flusses, und es ist schon atemberaubend mitanzusehen, wie die Kanuten mit dem wilden Wasser zurechtkommen. Ihr solltet eine Bootsfahrt wirklich nur versuchen, wenn Ihr gute Fahrer seid, aber da habe ich bei Euch keine Sorge. Wer eine Rast einlegen möchte, der findet zahlreiche Bänke und beschauliche Plätze, wo es sich gut verweilen läßt. Eine besonders tolle Gelegenheit zu solch einer Pause ist der Rastplatz vor Weilerbach, nahe dem Hotel „Bois Fleury". Dort findet Ihr nicht nur Bänke und Tische, sondern auch noch Info-Tafeln, auf denen alles erklärt ist, was sich im Sauertal und im Fluß befindet.

Nach Eurer ausgiebigen Rast fahrt Ihr auf der Sauer-Promenade durch einen herrlichen Park und habt bald **Echternach** erreicht. Die Stadt wurde berühmt durch eine der schönsten Benediktinerabteien Europas. Diese haben Mönche vor vielen hundert Jahren gegründet. Aber auch die Altstadt von Echternach mit der Stadtmauer und dem römischen Kastell ist wirklich sehr schön. Vor allem die vielen Eiscafés und Grillstuben, wo es leckere Pommes gibt.

Jetzt ist es wirklich nur noch ein Katzensprung über die Brücke mit der Willibrordus-Statue, dem berühmten Missionar und Begründer der Abtei, und Ihr seid schon wieder in Deutschland, genau in **Echternacherbrück**. Gleich hinter der Brücke wechselt Ihr zur Linken auf den *Sauer-Ufer-Radwanderweg*, der Euch bis Bollendorf begleiten wird. Ihr könnt natürlich auch auf der Straße zurück nach Bollendorf fahren, das geht zwar leichter, ist aber sehr unangenehm, weil die Autofahrer wenig Rücksicht nehmen und durch die Gegend rasen, als wären sie allein auf der Welt. Und vor allem, was würdet Ihr versäumen!

Bleibt also auf dem Uferweg, der ist zwar schmal, aber auf dem griffigen Betonboden ist gut zu fahren. Hin und wieder ist es angeraten, ein wenig zu Fuß zu gehen, denn die pflanzliche Vielfalt ist schier überwältigend. Darauf weisen auch Tafeln hin, die Ihr unterwegs findet.

In den Uferzonen und angrenzenden Wiesen wächst das seltene Kamm- und Rispengras, das Knäuelgras und der Windhalm. Aber auch wunderschöne Blumen wie die Große Wiesenglockenblume, den Wiesenbocksbart, die Kuckuckslichtnelke und das Sumpfkraut sowie Wiesenknöterich und Weißer Wiesenstern findet Ihr überall. Es lohnt sich auf jeden Fall, den Weg am Sauerufer entlang flußaufwärts zu nehmen. Und erst die vielen Schmetterlinge und Libellen. Hier könnt Ihr Euren Eltern zeigen, wie gut Ihr über die heimische Pflanzen- und Tierwelt Bescheid wißt.

Dann habt Ihr das **Lager Weilerbach** erreicht. Dort endet der Uferradweg zunächst, geht aber hinter dem Lager weiter. Um dahin zu gelangen, gibt es zwei Möglichkeiten: Die eine führt über die bekannte Straße, die andere über einen Feldweg zurück zum Sauerufer, auf einem Wanderpfad durch eine urige Wiesen- und Aulandschaft bis zur „Alfred-Töpfer-Brücke", die hinter dem Lager die Sauer überspannt. Auf diesem Stück durchwandert Ihr ein weitläufiges Wiesen- und Schilfgrasgebiet, in dem es von Libellen und Schmetterlingen nur so wimmelt. Die blaue Prachtflügellibelle zum Beispiel oder das Granatauge, die Keiljungfer und den Plattbauch. Schwalbenschwanz und Admiral, Kleiner Fuchs und Aurora-Falter. Alle geben Ihr Stelldichein und warten darauf, von Euch bestimmt zu werden. Danach müßt Ihr noch einen kleinen Anstieg in Kauf nehmen, und schon seid Ihr wieder auf dem bewährten Uferradweg, der Euch bis nach Bollendorf, zum Parkplatz führt.

Auf dem Weg dahin liegt *Weilerbach*, wo die Ruine des Schlosses auf Eure Entdeckung wartet. Dann kommt der Gasthof „Am Wehr" in Sicht, wo es sich trefflich ausruhen und schmausen läßt. Die Zufahrt liegt direkt am Radweg und ist ganz einfach zu erreichen. Am Ortseingang von Bollendorf erhebt die mächtige Burg ihren massigen Leib, die der Stadt ihren Namen gab. Schaut Euch die Burg und das Vogelfreigehege an, es lohnt sich. Aber auch die Römervilla hat einiges zu bieten. Nur wenige Minuten abseits des Radweges hinter der Burg liegen die sehr gut erhaltenen Überreste einer Kultur, die vor zweitausend Jahren das Gesicht und Schicksal Europas prägte wie keine andere.

Nicht weniger gut erhalten, dafür aber auf dem neuesten Stand, ist der **Gewässerlehrpfad** auf dem letzten Stück des Weges bis in die Stadt. Alle vorhandenen Fische, Insekten und Pflanzen, die im und am Gewässer leben, werden dargestellt und ausführlich erklärt. Nach dieser tollen Tour habt Ihr Euch eine Erfrischung und zünftige Mahlzeit redlich verdient. Als krönenden Abschluß dieser Radwanderung besuche ich stets das wunderschön gelegene Freibad direkt am Sauerufer, das nur wenige Minuten vom Parkplatz entfernt liegt. Dort könnt Ihr Eure „müden" Beine ins Wasser legen und beratschlagen, welche Tour Ihr als nächste in Angriff nehmt. Viel Spaß dabei wünscht Euch Euer Freund und Pfadfinder Weißnicht.

i

Wie kommt man nach Bollendorf?
Mit der Bundesbahn bis Trier oder Bitburg. Dann mit dem Bus weiter bis Bollendorf.
Mit dem PKW über die B 51 bis Bitburg, dann die B 257 bis Echternacherbrück, weiter auf der Landstraße nach Bollendorf, oder auf der B 418 über Trier bis Echternach.

Weglänge:	ca. 27 km (ohne Abstecher ins Müllerthal)	
Campingplätze Öffnungszeiten:	1. April bis 31. September	durchgehend
Einkehrmöglichkeiten:	Café „Am Wehr", Campingplatz „Altschmiede", Campingplatz „Dillingerbrück", Cafés in Echternach, Restaurant „Hauer" in Bollendorf	

Tips:
Fahrt zu den Irreler Wasserfällen der Prüm bei Irrel, Besuch der Teufelsschlucht im Prümtal bei Irrel.
Fahrt in die Canyons des Müllerthals – Luxemburg (im Grenzgebiet kann mit deutschem Geld bezahlt werden!). Besuch der Modelleisenbahn-Ausstellung Echternacherbück, Im Gewerbegebiet 21 – ein Muß für alle Eisenbahnfreunde.
Badesachen einpacken und Pflanzenbestimmungsbuch mitnehmen!

Prümtal mit Teufelsschlucht

i

Kartenempfehlung:

1 : 50 000 Topographische Karte des Landesvermessungsamtes Rheinland-Pfalz, Deutsch-Luxemburgischer Naturpark

Zu Gast auf der schönsten und schwierigsten Automobilrennstrecke der Welt

Es gibt Dinge auf der Welt, von denen man möchte, daß sie niemals aufhören. Daß kann ich sehr gut verstehen. Auch ich hatte als Kind meine „nie enden wollenden Wünsche". Dazu zählte mein Geburtstag, Weihnachten und die großen Ferien. Ich träumte von weiten Reisen um die Welt, von Abenteuern in fernen Ländern und dem Flug zum Mond. Später, als großer Junge, auch Erwachsener genannt, sah ich einige Dinge etwas anders, so meinen Geburtstag, Weihnachten und die Urlaubszeit. Die ersten beiden gibt es, wie Ihr alle wißt, nur einmal im Jahr. Die Urlaubszeit kann ich mir heute nach meinen eigenen Vorstellungen gestalten. Wenn mich der Wunsch packt, in die Welt hinaus zu fahren, dann schnappe ich mir mein Fahrrad und ab geht die Post. Wenn mich die Weite des Meeres ruft, dann schnüre ich mein Bündel und gehe an Bord des nächsten Schiffes. Und wenn ich für Kinder und ihre Eltern, die ganz toll Radfahren, eine besondere Tour aussuchen kann, dann tue ich das mit sehr viel Freude und Begeisterung. Und unser aller Freund, der liebe Herr von Weißnicht, den Ihr nur als Weißnicht kennt, hat eine ganz besondere Rad-Wandertour für Euch entdeckt. Das ist eine durch und durch coole und fetzige Sache.

Ihr seid jetzt 16 wunderschöne Radtouren durch die Eifel gefahren, habt verschwiegene Winkel, geheimnisvolle Höhlen und tiefgründige Vulkane kennengelernt. Ihr wart am tropischen Meeresufer, zu Gast auf mächtigen Korallenriffen, habt Auge in Auge Wölfen und Bären gegenübergestanden. Große Seen und Talsperren wurden von Euch umrundet, tiefe Schluchten durchquert, Steinadler am Eifelhimmel bewundert und in Eishöhlen die glitzernde Pracht bestaunt. Selbst in das Innere eines mächtigen Lavastroms seid Ihr vorgedrungen. An lieblichen Bächlein habt Ihr ausgeruht und nur dem Plätschern der Quelle gelauscht. Schnaufende Dampfrösser trugen Euch in einsame Eifelhöhen, und vom Gipfel der Hohen Acht, dem höchsten Berg der Eifel, lag eine wunderbare Welt zu Euren Füßen. So könnten wir wahrscheinlich „endlos" weiterschreiben und erzählen, aber dann wäre zum einen der Rad-Wanderführer durch die Eifel so dick geworden, daß Ihr ihn nicht mehr tragen könntet. Zum anderen hätten die lieben Mitarbeiter im Fleischhauer & Spohn Verlag, die das Buch ja drucken, so viel Arbeit damit, daß es wahrscheinlich nie fertig würde. Daß wäre doch wirklich schade, denn dann würdet Ihr die Eifel wahrscheinlich nie so kennenlernen, wie Ihr es getan habt.

Damit Euch der Abschied aus diesem herrlichen Mittelgebirge, der ja nur von kurzer Dauer ist, denn Ihr kommt ja wieder, nicht zu schwer fällt, haben Herr von Weißnicht, Barbara und ich Euch zum Abschluß noch zwei Touren ausgesucht, die zwar nicht die längsten, aber ganz sicher zu den aufregendsten und schönsten zählen. Und die stellt Euch Euer lieber Freund und bester Pfadfinder Weißnicht nun vor.

Ja – ja, der Herr Weißnicht. Welch ein Glück doch, daß es mich gibt. Was würden der Hans Joachim und die Barbara nur ohne mich anfangen? Nicht auszudenken wäre das. Auf der anderen Seite bin ich natürlich froh, daß die beiden meine allerbesten Freunde sind. Genauso wie Ihr, liebe Kinder – und Eure Eltern selbstverständlich auch. Darum kann ich Euch auch eine Eifel zeigen, wie sie nicht jeder zu sehen bekommt.

Die Eifel ist wie ein prachtvolles Juwel, rundum eingefaßt von grün-leuchtenden Smaragden. Und wie jedes Juwel einen Mittelpunkt hat, so gibt es auch in der Eifel einen Platz, einen Ort, der diese einmalige Landschaft im wahrsten Sinne des Wortes über Nacht nicht nur in Deutschland, sondern der ganzen Welt berühmt machte, den Nürburgring, die schönste und schwierigste Automobilrennstrecke der Welt. Jeder von Euch kennt die Formel-1-Rennen, wo die Fahrer mit ihren Rennwagen in atemberaubender Geschwindigkeit über den Asphalt sausen. Das geht so schnell, daß einem vom Hinsehen schwindlig wird.

Aber – werdet Ihr sagen, wir können doch mit den Fahrrädern nicht auf den Nürburgring. Der ist doch nur für Autos und Motorräder. Das ist auch richtig, aber wir radeln immer in Sichtweite am Ring entlang. Das ist aufregend – kann ich Euch sagen. Ganz dicht könnt Ihr an einigen Stellen an die Rennpiste heran, und bevor Ihr noch den Rennfahrer seht, hört Ihr schon den Motor des Wagens, der das Fahrzeug nur so über die Bahn flitzen läßt.

Angefangen hat alles vor ca. 70 Jahren, im Jahre 1927. Da wurde nämlich der Nürburgring eröffnet. Zunächst als Automobilversuchsstrecke, denn das Autofahren steckte ja noch in den Anfängen. Doch bald schon fanden sich erste Gruppen und Clubs zusammen, die regelmäßig die Leistungsfähigkeit ihrer Fahrzeuge und ihr eigenes Können in Rennen erprobten. Das war die Geburtsstunde des Nürburgrings als Automobilrennstrecke. Die Technik wurde ständig besser, die Motoren stärker und die Rennwagen immer schneller. Große Marken entstanden. Auto Union, Mercedes-Benz, Bugatti, Alfa Romeo und Maserati. Diese Fahrzeuge beherrschten das Renngeschehen weltweit und waren praktisch unschlagbar. Dann tauchten Rennfahrernamen auf, die sich für alle Zeiten in die Geschichte des Rennsports und des Nürburgrings einschrieben. Rudolf Caracciola, Hermann von Brauchitsch, Hans Stuck und Karl Kling auf Mercedes-Benz. Und natürlich Bernd Rosemeyer auf Auto Union, ein

Ausnahmetalent. Nicht vergessen werden darf der schon zu Lebzeiten legendäre Juan Manuel Fangio, der auf den ebenso berühmten „Silberpfeilen" von Mercedes-Benz mehrfach Weltmeister wurde.

Alberto Ascari und Wolfgang Graf Berghe von Trips mit den feuerroten Ferraris, Tazio Nuvolari auf Alfa Romeo und Maserati, sie alle schrieben Renngeschichte und die Geschichte des Nürburgrings. Zu einigen herrlichen Plätzen rund um die Rennstrecke führt Euch diese Rad-Wandertour. Nach diesem PS-starken Erlebnis fahren wir noch gemeinsam an die Mosel und starten zu unserer letzten Fahrradtour, mit der ich diesen Rad-Wanderführer beschließen möchte.

Denn welcher Ort in der Eifel wäre besser geeignet, diese außergewöhnliche Landschaft zu repräsentieren, als der Nürburgring am Fuße jener mittelalterlichen Burg, die dieser Hochgeschwindigkeitspiste ihren Namen gab. Durch Schluchten und Täler, tiefe Wälder und über lichtdurchflutete Höhen führt eine 21 Kilometer lange Automobilrennstrecke, wie sie schöner und in ihrem Wesen dramatischer nirgendwo auf dieser Erde zu finden ist.

Wenn Ihr diese Strecke in aller Stille genießen wollt, dann besucht den Nürburgring außerhalb der Rennsaison. Eine Fahrt über „den Ring" ist in der Eifel einfach ein Muß. Ihr und Eure Eltern werdet begeistert sein. Und damit Ihr auch ganz genau wißt, wie Ihr wo hinkommt, setzen wir uns auf die Räder und radeln los.

Start und Ziel unserer Radtour ist ein **Parkplatz** an der B 257 kurz hinter Quiddelbach. Dort überquert nämlich der Ring die Bundesstraße, und da beginnt auch gleich der Radweg. Außerdem liegt dieser Parkplatz den ganzen Tag im Schatten der Bäume, was an hochsommerlich-heißen Tagen von unschätzbarem Wert ist.

An der Einfahrt zum *Rad-Wanderweg*, 100 Meter bergan, steht gleich links eine *Schautafel*, auf der Ihr den gesamten Streckenverlauf des Rings und Eurer Radtour erklärt bekommt. An dieser Tafel biegt Ihr links ein und radelt über einen schottrigen Waldweg längs der Rennstrecke bergan auf den Ort Nürburg und die Start-Ziel Tribüne zu. Dieser Weg ist auch als *Hocheifel-Rundweg* ausgeschildert und weist mehrere Symbole auf. Zum einen eine *Burg*, dann das *Malteser-Kreuz*, einen *schwarzen Winkel* und ein *schwarzes Dreieck*. Wir folgen dem Zeichen der Burg, denn auf diesem Weg gelangen wir an unser erstes Ziel. Bereits nach der ersten Anhöhe bietet sich Euch ein erster, faszinierender Ausblick auf die Strecke, die sich wie eine graue Schlange durch die Berge windet. Schmal und kurvenreich liegt sie unter Euch, und es scheint beinahe unmöglich, daß dort Rennautos und Motorräder entlangsausen. Unter mächtigen Fichten, Eichen und Kiefern läßt sich herrlich rasten und die Aussicht auf das Renngeschehen genießen. Daher heißt dieser Streckenabschnit auch

Hocheichen. Doch wir wollen ja viel mehr sehen und erleben, und deshalb radeln wir weiter. Wir kommen zu einer Weggabelung, der wir halblinks folgen bis zu einer Erhöhung, die uns einen phantastischen Ausblick auf Start und Ziel, die Tribünen, das Fahrerlager, die Boxen und den ganzen Rennzirkus gibt. Dann liegt die Einfahrt zur Nordschleife zum Greifen nah vor uns.

Überall herrscht hektische Betriebsamkeit, denn ein jeder möchte mindestens einmal in seinem Leben über den Ring und seine grandiose Nordschleife fahren. Der Nürburgring besteht nämlich aus zwei Teilen, der großen Nord- und der kleinen Südschleife. Auf der Südschleife finden die Formel 1 Rennen statt mit den ganz schnellen Autos. Die Nordschleife läßt es etwas beschaulicher angehen und steht jedem Auto- und Motorradfahrer zur Benutzung.

Es kostet wirklich Überwindung, sich der Faszination des Motorrennsports zu entziehen, und wer einmal erlebt hat, wie die Fahrer durch die Kurven flitzen, den hat bald das Rennfieber gepackt. Aber hallo – meine Freunde, wir machen mit dem Fahrrad eine Radtour – umsichtig, überlegt und besonnen. Also keine Rennen veranstalten, doch das brauche ich Euch nicht extra zu sagen.

Auf Eurer weiteren Fahrt gelangt Ihr an eine *Barriere*, die Ihr rechts umfahrt und stoßt dann nach wenigen Metern auf die „Hatzenbachstraße", in die Ihr links einbiegt. Diese Straße führt Euch bergab in den Ort Nürburg.

Auf der rechten Straßenseite kommt das BMW-Testcenter in Sicht. Gleich dahinter, am Holzzaun, führt ein *plattierter Gehweg* vorbei. Den benutzen wir und gelangen so auf die Hauptstraße, der wir bergan, vorbei an der Einfahrt zur Nordschleife, folgen. Wir unterqueren den Ring und stehen an einer großen Straßeneinmündung.

Wir bleiben mit unseren Fahrrädern immer auf dem Rad- und Gehweg, deshalb brauchen wir an dieser Einmündung auch nicht absteigen, weil wir ohnehin nach rechts abbiegen. Jetzt folgen wir nur noch den großen Hinweisschildern *Tourist-Information – Dorint-Hotel.* Nach 400 Metern fahren wir rechts in die Einfahrt zur Erlebniswelt Nürburg ein. Gleich daneben befindet sich das Info-Center, wo Ihr alles zum Renngeschehen und den Veranstaltungen erfahrt. Auch *Leihfahrräder* erhaltet Ihr dort, wenn Euer eigenes wirklich nicht mehr kann.

Gegenüber des Info-Centers seht Ihr die Tribünen und Aussichtsterrassen, von denen Ihr weite Teile der Südschleife überblicken könnt. Zu Eurer Rechten erhebt sich in fast 700 Metern Höhe die trutzige

Nürburg aus dem 12., und dem Bergfried aus dem 13. Jahrhundert, die inmitten des Rings wie eine Königin Hof hält. Und in der Ferne erkennt Ihr den höchsten Berg der Eifel, die *Hohe Acht*, die Euch bereits von früheren Touren her bekannt ist. Schaut Euch alles in Ruhe an, denn ein Spaziergang rund um die Südschleife dauert eine gute Stunde. Das könnt Ihr natürlich nur ausgiebig und ungestört machen, wenn kein Rennbetrieb ist. Vielleicht ist Euch ja das Glück hold, und Ihr macht Bekanntschaft mit einem Rennfahrer, den Ihr sonst nur aus dem Fernsehen kennt. Nachdem Ihr alles intensiv betrachtet habt, machen wir einen Abstecher zur Nürburg.

Wir radeln auf gleicher Strecke zurück, folgen dem Hinweisschild *Nürburg* und sind schon auf der Hauptstraße, die uns mitten durch den Ort hinauf zur Burgruine führt. Unterhalb der Burg befindet sich ein Café, das ich wirklich empfehlen kann. Am Nürburgring gibt es zwar auch Restaurants und Gaststätten, aber die sind ganz schön teuer. Vom Café „Zur Burg" habt Ihr einen tollen Ausblick auf den Ring und die Eifel. Aber erst der Aufstieg zur *Burgruine* macht das Abenteuer Nürburgring vollkommen. Dort befindet sich nämlich der 20 Meter hohe Bergfried, ein gut erhaltener Burgturm, den Ihr über einige Treppenstufen ersteigen könnt. Von der Plattform in höchster Höhe genießt Ihr in der Tat einen grandiosen Ausblick. So weit das Auge reicht seht Ihr nur die Eifelberge, die Wälder, Schluchten und Täler. Und direkt zu Euren Füßen liegt der Nürburgring, liegt die große Arena des Automobilrennsports, der diese Rennstrecke und die Eifel weltberühmt werden ließ.

Nachdem wir nun die Nürburg, Start und Ziel und das Rennsportmuseum ausgiebig bestaunt und bewundert haben, möchte ich Euch noch einen Teil des Streckenverlaufs und die schönen Wälder im Inneren des Nürburgrings zeigen.

Zunächst radeln wir von der Nürburg über die „Hatzenbachstraße" in Nürburg zurück bis zur ersten Gabelung (vor dem BWM-Center). Dort halten wir uns links und fahren weiter bergan. Dann biegen wir rechts in den Waldweg ein, umfahren nochmals die *Barriere* und folgen dem Weg zurück bis zur Schautafel am Hocheifel-Rundweg. Gleich auf der anderen Seite führt der Rad-Wanderweg längs des Rings weiter auf Adenau zu. Uns bietet sich ein beeindruckendes Bild. Rechterhand öffnet sich tief abfallend und fast bis zum Horizont reichend ein gewaltiges, waldreiches Tal. Daraus empor erhebt sich die Nürburg wie eine Herrscherin, die, beschützt von der Hohen Acht, ihre ganze Autorität geltend macht. Dann ein weiteres tolles Erlebnis. Ein langes Stück der Rennstrecke ist nach Erreichen des **Schwedenkreuzes** uneingeschränkt einsehbar, was ein weiteres absteigen vom Rad bedeutet. Die Möglichkeiten für Euch, hautnah das

Nürburg-Ruine

Renngeschehen zu verfolgen, sind wirklich einmalig. Auch für schattige Rastplätze ist gesorgt, denn hochstämmige knorrige Kiefern und Fichten breiten ihre weiten, dichten Kronen aus. Sehr gut lassen sich hier Technik und Können der Motorradfahrer beobachten, die wie mit dem Lineal gezogen ihre Ideallinie fahren. Natürlich müßt Ihr Euch hier aus dem Rucksack verpflegen, denn Kioske oder andere Versorgungsmöglichkeiten gibt es in diesem Bereich der Rennstrecke nicht. Wenn Ihr dem Rad-Wanderweg weiter bergab folgt, überquert Ihr den Ring auf einer Brücke. Jetzt habt Ihr mehrere Möglichkeiten: Das *Burgenzeichen* weist Euch den Weg nach *Kottenborn.* Das sind noch zwei Kilometer. Oder Ihr nehmt die Strecke nach *Adenau.* Das macht vier Kilometer. Beide Abschnitte sind gut zu fahren, wenn auch die Wege mitunter etwas gewöhnungsbedürftig sind (Schotter, Fahrrillen von Traktoren und Waldfahrzeugen).

Ich habe mich für die dritte Alternative entschieden, nämlich auf der Brücke kehrt gemacht und den Weg an der Gabelung bergan links genommen.

Dieser Wirtschaftsweg ist sehr gut befahrbar und führt uns durch artenreichen Mischwald stetig bergab bis zu einer weiteren Gabelung, wo wir der Wegführung rechts folgen, denn wir wollen ja zum Parkplatz zurück. Dieser Weg ist auch als Wanderweg mit einem *schwarzen Dreieck* gekennzeichnet. Auf diesem Weg radeln wir nur durch tiefen, wohltuend kühlen Wald. Überall duftet es nach Pilzen, und wer noch nie selbstgepflückte Pfifferlinge gegessen hat, der weiß nicht, wie lecker Pilze schmecken können. Die Früchte der Walderdbeeren und Waldhimbeeren leuchten an sonnigen Plätzchen um die Wette, und so mancher Obstkuchen in den heimischen Konditoreien ist mit Früchten aus der Region verziert. Jetzt kommen wir nochmals an eine Barriere, die wir als Radfahrer umfahren können. Schon sehen wir die B 257, eine sehr ruhige Nebenstraße, die von Adenau über Quiddelbach durch den Ring führt, und für Fahrradfahrer uneingeschränkt zu empfehlen ist. Dieser Straße folgt Ihr rechts bergan, und nach einigen Kehren habt Ihr bereits den kleinen Ort **Quiddelbach** erreicht. Auf der Hauptstraße radelt Ihr durch den Ort bis rechts die Ringstraße abzweigt. Dort biegt Ihr ein und fahrt nun erholsamer Eurem Ziel, dem Parkplatz, entgegen. Hinter dem Ortsausgang führt die Ringstraße erneut auf die B 257, der Ihr nun bis zum Parkplatz auf der linken Straßenseite folgt.

Wie Ihr feststellen könnt, steht Euer Auto wunderbar schattig, was bei wolkenlosem Himmel ein großes Geschenk ist. Auch Sitzbänke und Tische laden die abgekämpften Radfahrer zum Verweilen ein, so daß Ihr eine prächtige Vesperpause unter rauschenden Bäumen genießen könnt. Auch diese Tour habt Ihr wie alle anderen hervorragend gemeistert, alle Wege gefunden und Hinweise richtig erkannt. Eure Eltern sind jetzt sehr beeindruckt von Euch, denn sie haben wieder einmal erlebt, daß sie sich auf ihre Kinder verlassen können. Und darauf könnt Ihr nun wirklich sehr stolz sein. Mir hat es mächtig viel Spaß und Freude bereitet, und ich hoffe, daß Ihr mir die eine oder andere Steigung verzeiht, den einen oder anderen buckeligen Weg nachseht, aber radfahren in der Eifel bedeutet ja auch hin und wieder ein paar Berge und die Möglichkeit, eingefahrene Wege zu verlassen, Abenteuer zu erleben und seine Heimat aus einer völlig neuen Perspektive kennenzulernen.

Euer Pfadfinder, Herr von Weißnicht, meine Frau Barbara und ich haben uns alle Mühe gegeben, die schönsten Strecken für Euch Kinder auszuwählen. Das ist uns gelungen, da sind wir uns ganz sicher. Wir freuen uns auf Euch und auf ein Wiedersehen in der Eifel, und wenn Ihr irgendwo einen Kobold mit rot-braunem, geflecktem Pelz entdeckt, der dazu noch ein blaues Halstuch trägt, dann kann das nur der Herr von Weißnicht sein, der immer dann in der Eifel unterwegs ist, wenn Kinder auf Fahrrädern mit ihren Eltern Rad-Wandertouren unternehmen. Schließlich ist er euer Pfadfinder und gibt acht, daß alles wie am Schnürchen läuft.

Liebe Kinder, Euch und Euren Eltern wünschen wir alles Gute auf allen Euren Wegen, die Euch durch unser wunderschönes deutsches Land führen.

Bis auf ein Wiedersehen und mit besten Grüßen
Barbara, Hans Joachim und ... Herr von Weißnicht.

i

Wie kommt man zum Nürburgring – nach Quiddelbach?
Am besten mit der Bundesbahn von Köln über Sinzig-Bad Neuenahr-Ahrweiler-Altenahr nach Brück. Dann mit dem Bus bis Adenau oder Nürburg.
Mit dem Auto über die A 61 bis Abfahrt Gelsdorf-Altenahr. Dann auf der B 257 über Altenahr, Adenau und Breitscheid nach Quiddelbach bis zum Parkplatz.

Weglänge: 15 km, ohne Abstecher nach Kottenborn oder Adenau. Dann verlängert sich die Gesamtstrecke um mindestens 4 bzw. 8 km.

Nürburgring Ringbenutzung:

	PKW	Motorrad
Nordschleife	DM 17,00	DM 22,00
Gesamtring	DM 21,00	DM 26,00
Renntaxi	pro Person	DM 50,00

(Preise variieren von Saison zu Saison)

Erlebniswelt Nürburg „ACTION + ATTRACTION"
Öffnungszeiten: täglich 9.00 – 18.00 Uhr

Eintritt:

Erwachsene		DM 22,50
Kinder (ab 4 J.)		DM 22,50
Erwachsene mit Kind	je	DM 19,50
Gruppen ab 20 Personen		DM 18,50
Schulklassen		DM 14,50

Nürburg-Ruine

Öffnungszeiten:	Ostern bis 1. Oktober täglich 9.00 – 17.30 Uhr 2. Oktober bis Ostern täglich 9.00 – 16.30 Uhr Letzter Einlaß 30 Minuten vor Schließung 1. Werktag in jeder Woche sowie im Dezember geschlossen
Eintritt:	Erwachsene DM 4,00 Kinder/Jugendliche (bis 18 J.) DM 1,50 Gruppen ab 20 Personen DM 3,00
Auskünfte:	Nürburgringgesellschaft, Telefon 0 26 91/30 20 Burgverwaltung, Telefon 0 26 91/27 04 Verkehrsamt Kelberg, Telefon 0 26 92/8 72 18 Ringbenutzung, Telefon 0 26 91/30 21 44 Leihkarts – Motodrom, Telefon 0 26 91/10 48
Einkehrmöglichkeiten:	Café-Restaurant „Zur Burg" (Telefon 0 26 91/75 75 und /77 75) Dorint-Hotel am Nürburgring (Telefon 0 26 91/30 90) Historisches Haus – Blaues Eck in Adenau (Telefon 0 26 91/20 05)

Tips:

Fahrt mit dem Renntaxi über den Ring. Das schont das eigene Auto und ist wesentlich sicherer. Ein eindrucksvolles Erlebnis.

Freibad und/oder Hallenbad in Adenau. Die Öffnungszeiten sind saisonal vom Wetter abhängig.

Fahrt zur Hohen Acht, dem höchsten Berg der Eifel. Phantastische Fernsicht vom Kaiser-Wilhelm-Turm in fast 770 Meter Höhe über weite Teile der Eifel.

Kartenempfehlungen:

1 : 50 000 Landesvermessungsamt Rheinland-Pfalz, topographische Wanderkarte Hocheifel-Hohe Acht

1 : 100 000 Landesvermessungsamt Rheinland-Pfalz, Radwandern in Rheinland-Pfalz, Blatt West

Von Burgen, Winzern und der „Schwarzen Katz"

Kerle – Kerle, war das eine Supertolle-Radtour. Hand aufs Herz und Ehrenwort. Eine Fahrt mit dem Fahrrad durch das wunderschöne Tal der Mosel ist eben etwas ganz Besonderes. So wie alle unsere Rad-Wandertouren durch die herrliche Eifellandschaft. Nur bei der Moseltour wird noch das berühmte Tüpfelchen auf das ebenso berühmte i gesetzt. Also Barbara, der Herr Weißnicht und ich, wir sind die Route schon für Euch gefahren. Damit Ihr ganz genau wißt, wo es langgeht. Und was es alles zu sehen und zu bestaunen gibt, einfach unglaublich. Natürlich sind wir nicht die ganze Mosel von Koblenz bis nach Trier hinauf geradelt, aber wir haben einen der schönsten Streckenabschnitte für Euch ausgesucht.

Über die Mosel bräuchte ich Euch im Grunde gar nichts zu sagen, Ihr wißt ja schon soviel über die Eifel und den Hunsrück – oho – hört, ein neuer Name!

Was ist denn das, dieser Hunsrück? Kein Grund zur Aufregung, der Hunsrück ist nur die Fortsetzung der Eifel unter anderem Namen. Beide gehören zum Rheinischen Schiefergebirge und werden – nur geographisch-namentlich – durch die Mosel getrennt. Gäbe es die Mosel nicht, was ich mir überhaupt nicht vorstellen möchte, dann könnten wir Rad-Wandertouren durch eine Eifel starten, die von Aachen bis nach Bad Kreuznach reichte. Ich meine, daß es gut so ist – für alle Beteiligten. Nun ist die Mosel seit altersher berühmt wegen ihres sehr guten Weines, der in den Hanglagen der Moselberge gedeiht. Und warum tut er das? Im Laufe der Jahrmillionen fraß sich die Mosel immer tiefer in den Buntsandstein und Schieferfelsen ein. Dadurch entstanden natürliche Terrassengebirge. Diesen phantastischen Vorteil nutzten die ersten Weinbauer auf deutschem Boden, die Römer, zur Kultivierung edler Rebsorten. Die Römer sind längst verschwunden, aber der Weinbau und die Tradition hat sich bis zum heutigen Tage erhalten.

Natürlich war und ist die Mosel nicht nur Weinbauland. Die natürliche Wasserstraße lockte schon vor Jahrtausenden die Menschen in das Gebiet westlich des Rheins. Lange vor den Römern lebten die Kelten in Eifel und Hunsrück, und im Sommer 1997 gruben Archäologen in Ochtendung bei Mayen, nur einen Katzensprung von der Mosel entfernt, einen Neandertaler aus. Auch ihm hat offensichtlich das milde Klima und die berauschende Schönheit der Mosel gefallen, denn seine Überreste und auch Werkzeuge fanden die Forscher an einem besonders schönen Lagerplatz.

Mit den Kelten und Römern kamen Handwerker, Bauern und Gastwirte auch ins Moseltal. Nach und nach entstanden erste Dörfer und Ortschaften, die einen lebhaften Handel mit den Menschen im ganzen Land betrieben. Boote und Schiffe befuhren den Fluß, später kamen Fuhrwerke und die Eisenbahn dazu. Erst zum Schluß wurden die Straßen gebaut, auf denen anschließend die Autos durch das Tal der Mosel rollten. Die bekannteste Ortschaft an der Mosel und älteste Stadt Deutschlands verdankt dem Fluß ihre weltweite Berühmtheit: Trier.

Aber soweit fahren wir mit dem Rad nicht, denn auch auf weniger bekannten Teilstrecken an der Mosel finden wir über das Land hinaus berühmte Sehenswürdigkeiten.

Jetzt habe ich Euch erstmal genug erzählt, denn Herr Weißnicht ist schon ganz aufgeregt und möchte endlich losfahren. Und das geschieht diesmal von **Bullay** aus, einem verträumten Winzerort am rechten Moselufer. Wir befinden uns damit im Hunsrück. Auf der anderen Seite der Mosel lacht die Eifel. Dahin kommen wir im Verlauf unserer Tour wieder, keine Sorge, aber es ist eben etwas besonderes, mit dem Fahrrad durch zwei Gebirge zu fahren, die nur durch einen Fluß getrennt sind.

Wir beginnen diese Tour vom **Parkplatz** am **Moselufer** aus, und folgen dem Radweg flußaufwärts vorbei am Campingplatz. Und sogleich macht Ihr mit den Pflanzen Bekanntschaft, denen die Mosel vor allen anderen ihre Beliebtheit verdankt, dem Wein. Oder vielmehr den Rebstöcken. An denen reifen die Trauben, aus denen später Most und dann Wein wird. Und wenn Ihr Appetit habt und mir versprecht, nicht zu viele Trauben zu pflücken, dann könnt Ihr auch die Trauben probieren. Sie sind sehr saftig und löschen ganz toll den Durst. Dann gelangt Ihr auch schon an eine Brücke, die beide Moselufer miteinander verbindet. Mit dieser Brücke hat es eine besondere Bewandtnis: Im unteren Teil führt eine Straße längs. Auf der fahren Autos. Eine Etage höher rollt die Eisenbahn über den Fluß, um nach ein paar Metern in einem Berg zu verschwinden.

Dieses Kuriosum solltet Ihr Euch unbedingt ansehen. Gleich unterhalb der Brücke führt ein Fußweg auf den Gehweg, dem Ihr bis zur Mitte des Viadukts folgen könnt. Die Aussicht auf die Mosel und das Bergpanorama ist atemberaubend.

Nach diesem ersten „Aha"-Erlebnis radelt Ihr auf dem gekennzeichneten *Mosel-Ufer-Radweg* weiter flußaufwärts unter der Brücke durch, folgt rechts dem Radweg und nach 20 Metern wieder links. Zu beiden Seiten erheben sich die Terrassen des Moselgebirges, von denen eine Hälfte zur Eifel und die andere zum Hunsrück gehört. Die Rebstöcke wachsen bis fast in den Radweg, und manchmal juckt es mich in den Fingern. Dann grapsche ich mir im Fahren ein paar Trauben – und – oohh – ist das köstlich – rufe ich laut. Doch solltet

Ihr das nicht zu oft tun, denn es kann durchaus passieren, daß Ihr den Rest des Tages dann auf der Toilette zubringen dürft. Und das möchtet Ihr doch ganz bestimmt nicht.

Dann kommt auch schon der nächste Ort in Sicht. Es ist **Merl.** Die bildhübschen Häuser ducken sich in die Flanken der Berge, und überall findet Ihr Hinweise auf die Arbeit, mit der die Menschen hier Ihr Geld verdienen: dem Weinanbau.

Der Weinanbau ist ein hartes Brot. Wirklich Kinder, Ihr könnt es mir glauben. Schaut Euch genau um im Moseltal. Wo stehen die Rebstöcke und wie gelangt der Winzer dorthin? Bis zu 13 Mal in einem Jahr muß nämlich der Weinbauer, so nennen sich die Winzer auch, in den Weinberg. Rebstöcke pflegen, die Triebe binden und schneiden, den Boden lockern, Pflanzenschutzmittel ausbringen, düngen – und – und – und. Es ist sehr viel Arbeit. Deshalb solltet Ihr auch immer mit der nötigen Achtung vor der Arbeit anderer Menschen durch unser wunderschönes Deutschland radeln. Die Menschen, denen Ihr begegnet, werden es Euch danken.

Wein- und Sektkellereien finden sich überall im Ort, und am stillen Moselufer laden idyllische Plätzchen zur Rast und zum Verweilen ein. Falls Ihr Appetit auf ein erfrischendes Bad habt, kein Problem. Die Moselufer sind seicht und überall findet sich eine Stelle, um die erhitzten Füße und Arme abzukühlen. Ein besonders schöner Rastplatz nennt sich *„Opa Krempel Platz"*, an dem Ihr mit dem Rad vorbeikommt. Sehenswert ist auch die prachtvolle Kirche, die im 13. Jahrhundert von den Minoriten erbaut wurde. Außerdem die Klosteranlage und ein herrlicher geschnitzter Altar aus dem 15. Jahrhundert. Jetzt entfaltet die Mosel ihre ganze Schönheit. Zu beiden Seiten erheben sich die rebbestockten Hänge des Schiefer- und Buntsandsteingebirges zu beeindruckender Höhe. Bei aller Mächtigkeit wirkt der Anblick doch eher behäbig und beschaulich. Die Mosel zieht ohne jede Eile an Euch vorbei – die Zeit steht einfach still. Achtet darauf so oft Ihr könnt. Mir ist es bereits viele Male so ergangen in meinem Leben. Plötzlich stand die Zeit still. Nichts bewegte sich mehr, obwohl sich alles rührte. Das sind die schönsten Augenblicke im Leben eines Menschen. Dann ist er der Schöpfung ganz nah, und Ihr habt Gelegenheit, alles in Ruhe zu betrachten.

Die Häuser und Ortschaften wirken an den Moselufern wie hingestreut, wie Teile aus einer Spielzeugstadt. Straußwirtschaften und Gartenlokale laden den Gast zu einem Umtrunk ein. Die Straußwirtschaft hat ihren Namen wegen der Sträuße aus Hopfen- und Rebenabschnitten, die der Winzer über die Tür hängt. Damit teilt er allen Menschen mit, daß es bei ihm frischen Most und jungen Wein gibt. Neben Wein und Most bekommt Ihr natürlich auch Limonade und leckere Säfte, so Trauben- und Apfelsaft aus eigener Herstellung. Ich kann Euch sagen – das schmeckt – hmmmmm.

Und dann – gleich am Ortsrand von Merl, findet Ihr das „Café Hamm". Dort gibt es nicht nur leckeren Kaffee, Eis und Kuchen, sondern auch noch handfeste Kanus. Mit denen könnt Ihr einen Ausflug ans andere Moselufer unternehmen. Probiert es ruhig, es ist nicht weit.

Auf den weiteren Streckenverlauf macht ein *grünes Schild mit weißem Fahrrad* aufmerksam. Es ist das Zeichen der *Moselroute*, die am Ufer des Flusses entlangführt.

Da Ihr ja gute Radfahrer seid, nehmt Ihr natürlich Rücksicht auf Fußgänger, die Euren Weg mitbenutzen. Also immer Obacht geben, dann kann gar nichts passieren.

Eure Fahrt wird ständig abwechslunsgreicher. Auf den Hügeln entdeckt Ihr immer wieder Reste von Burgen, Mauern und Türmen. Hier saßen früher die Zolleintreiber der Grafen und Fürsten, die den Schiffern, Händlern und Kaufleuten für die Benutzung der Mosel Geld abnahmen. Erst nach Bezahlung des Zolls durfte die Grenze passiert werden. Das machte die Waren immer teurer, bis dann eine Neuordnung des Landes erfolgte, und die Beschränkungen des Handels abgeschafft wurden.

Und dann habt Ihr **Zell** erreicht, den Ort, der in seinem Wappen die *Schwarze Katz* führt. Woher der Name stammt, weiß keiner so genau. Jedenfalls ist es schon lange her. Als Namen für Wein ist sie seit 1860 bekannt. Alles was Ihr über Wein und den Ort Zell wissen wollt, erfahrt Ihr im Wein- und Heimatmuseum in der „Balduinstraße 44" am Rathaus. Da ist auch gleich die *Tourist-Information.* Einen Besuch solltet Ihr Euch auf jeden Fall gönnen. Von der Uferpromenade in Zell habt Ihr einen herrlichen Ausblick auf den *Kaimt,* einen mächtigen Berg, der sich in der wohl schönsten Schleife der Mosel erhebt. Noch besser genießen läßt sich dieser Anblick in Nachbarschaft zum Imbiss „Moselblick", wo Ihr eine superscharfe Curry-Wurst bekommt, die so richtig Durst macht. Am Ende der Promenade, nicht der Wurst, biegt Ihr rechts ab zum Moselufer, an dem der Radweg nun entlangführt. Das landschaftliche Bild wechselt. An den Ufern haben sich Reste des ehemaligen Auwaldes erhalten, so Pappeln, Weiden und Erlen. An der nächsten Weggabelung radelt Ihr halblinks bergan und unterquert eine Brücke, um auf der anderen Seite einem Wirtschaftsweg zu folgen. Der Belag des Radweges ist nun ein anderer. Statt Asphalt gibt es jetzt befestigten Boden, auf dem es sich aber genau so trefflich radfahren läßt. Denkt immer daran, wir radeln nicht für die Tour de France, sondern für unser Vergnügen. Auf der anderen Moselseite von Zell erblickt Ihr das Hallen- und Freibad mit einer Riesenrutsche. Dorthin gelangt Ihr über jene Brücke, die Ihr zuvor unterfahren habt.

Die Pflanzen im Moseltal erwarten Euer besonderes Interesse. Durch die intensive Besonnung und Erwärmung herrscht im Moseltal ein subtropisches Klima, das den Pflanzenwuchs enorm beeinflußt. Schmetterlingsflieder, Wiesenraute, Bocksbart, Wiesenfetthenne und Farne prägen das florale Kleid. Nicht minder zahlreich sind Insekten, Amphibien und Vögel vertreten. Und noch etwas für Radfahrer Angenehmes findet sich im Moseltal: Die Radwege sind teilweise durch Bäume schattiert, so daß sich auch an heißen Tagen eine Fahrt im Moseltal problemlos durchführen läßt.

Briedel – weithin sichtbar an seinem Herzchen, das rot und leuchtend im Weinberg auf einen guten Tropfen aufmerksam macht, ist Eure nächste Station. Wer jetzt auf die andere Seite der Mosel übersetzen möchte, kann dies tun. Eine *Auto-Personenfähre* bietet ihre Dienste an.

Dort erwartet Euch der *Kaimt* und eine nicht minder reizvolle Uferstraße, die flußaufwärts nach *Pünderich* führt. Wir aber bleiben auf der rechten Seite der Mosel und gelangen nach wenigen Metern zum Abenteuerspielplatz von Briedel, der sich direkt am Ufer befindet.

Hier bietet sich auch die Gelegenheit zu einem erfrischenden Bad in der Mosel. Keine Angst, das Wasser ist im Uferbereich flach und angenehm.

Auf unserer weiteren Fahrt erreichen wir **Pünderich** mit seiner berühmten *Marienburg*, die sich auf der linken Moselseite (Eifel) weithin sichtbar auf dem Berg erhebt. Früher befand sich dort ein Kloster, heute ist die Marienburg ein Hotel und eine Jugendherberge, die vom Bistum Trier verwaltet wird.

Nur wenige Fahrmeter weiter radeln wir auf den Campingplatz „Moselblick" mit Waschgelegenheit, wo Ihr Euch erfrischen und stärken könnt. Das Moseltal ist weiterhin weitläufig und breit. Die Beschaulichkeit und Ruhe der Landschaft wird nicht durch häßliche Bauwerke verschandelt, und überall in den weitläufigen Uferzonen finden sich Obst- und Gemüsekulturen. Dann werdet Ihr auf eigenartige Bereiche an den Rändern des Flusses aufmerksam. *Steinwälle* trennen die Mosel bis auf einen schmalen Durchlaß von einem Teich oder See. Das sind künstlich angelegte Laichplätze für Fische und Amphibien. Dort ist der pflanzliche Bewuchs besonders üppig, denn die laichenden Tiere sind auf den Schutz durch die Pflanzen angewiesen.

Hinter dem Ort Pünderich folgt der Campingplatz „Moselland". Auch hier bietet sich Euch die Möglichkeit für Kanufahrten und ein wenig Wassersport. Hier führt die Moselroute zunächst nach links, um dann nach 50 Metern bei den großen Pappeln rechts einzuschwenken. Nun radelt Ihr auf einem Bilderbuchradweg durch üppige Weingärten, wo Ihr das eine oder andere Mal auch von zuckersüßen Pflaumen naschen dürft. Die wachsen nämlich auf einer vergessenen Streuobstwiese, und es wäre wirklich schade, wenn die leckeren Früchte alle ungegessen auf den Boden fielen. Ihr folgt dem Weg nun links, bis Ihr an das bekannte Schild (*weißes Rad auf grünem Grund)* gelangt, wo es erneut rechts abgeht.

Dann erblickt Ihr ein Hinweisschild, das besonders Radfahrer erfreut. Hier bietet ein Weingut-Besitzer Radfahrern eine willkommene Unterkunft für die Nacht und ein zünftiges Abendbrot. Na – das ist doch ein Abenteuer so recht nach Eurem Geschmack.

Jetzt heißt es einmal gut aufgepaßt, denn wir müssen die B 53 queren. Es fahren nicht viele Autos, aber wir sind ja sehr gute Radfahrer und lassen nichts anbrennen. Auf der anderen Seite radeln wir ein Stück bergan bis zu einer Brücke, über die wir die Mosel queren. Wir folgen deshalb dem grünen Hinweis mit der Aufschrift *Traben-Trarbach – Moselroute.* Das Zeichen besteht aus einer *Schleife in M-Form, die auf einem Rad steht.*

Auf der anderen Seite, gleich hinter der Brücke, seht Ihr ein Hinweisschild. *Kövenig.* Das ist unser nächstes Routenziel. Dort biegt Ihr links ein und richtet Euch nach dem bekannten Rad-Wegweiser „Traben-Trarbach". Nun sind es noch wenige Meter, und Ihr befahrt wieder den *Mosel-Ufer-Radwanderweg.* Auf dieser Tour könnt Ihr getrost auf Rucksackverpflegung verzichten, denn in jedem Ort gibt es reichlich zu Essen und zu Trinken.

Und schon seid Ihr in **Reil**, einem kleinen verträumten Moselort, wo wunderschöne Spiel- und Rastplätze am Moselufer auf Euch warten. Besondere Aufmerksamkeit solltet Ihr der Stelzenterrasse am Restaurant „Zum Römer" schenken. Weil die Mosel immer wieder einmal starkes Hochwasser führt und die meisten Häuser im Tal stehen, hat man bei Neubauten das ganze Haus auf Stelzen gesetzt. Und darunter finden sich im Sommer an heißen Tagen einige Hunde aus dem Ort ein, um dort Kühlung und einen Spielgefährten zu suchen. Keine Angst, es sind nur kleine Hunde die nicht beißen und sich riesig über Kinder freuen. Natürlich gibt es in den zum Teil winzigen Ortschaften viel mehr zu sehen, als süße Hunde, die sich ein schattiges Plätzchen suchen. Wunderschön erhaltene und gepflegte Fachwerkhäuser lohnen in jedem Fall einen längeren Aufenthalt, und auf diese Weise lernt Ihr sehr viel über die Lebensweise der Menschen an der Mosel.

Dann ist der Radweg zu Ende, ein paar Stufen das Fahrrad getragen, und schon geht es auf dem Radweg an der anderen Straßenseite weiter. Dann endet der Fahrradweg vorerst, aber nicht unsere Tour. Auf einer völlig ruhigen Nebenstraße, die irgendwann einmal vergessen wurde, radeln wir in aller Seelenruhe in Richtung *Kövenig.* Gleich hinter dem Ortsausgang steht ein ganz tolles Hinweisschild. Dort bietet erneut ein ganz lieber Mensch erschöpften Radfahrern und Fahrrädern eine Unterkunft für die Nacht, mit einem zünftigen Abendessen und tollen Geschichten am Lagerfeuer. Das ist nicht nur was für mich und Herrn Weißnicht, sondern ganz besonders für Euch, habe ich mir gedacht.

Moselaufwärts voraus erreichen wir **Kövenig**. Auf der anderen Moselseite liegt der kleine Ort **Enkirch**, nach dem auch die bekannte *Moselstaustufe* benannt ist. Weithin sichtbar grüßt der weiß-rot gestrichene Kirchturm des Ortes, der eingefaßt von hoch aufragenden Bergen und unzähligen Rebstöcken im Tal der Mosel sein zufriedenes Dasein genießt. Unser Weg führt uns durch den Ort immer längs des Moselufers weiter auf einer ruhigen Nebenstraße, bis nach einem Kilometer der Wegweiser erneut auf Traben-Trarbach aufmerksam macht. Hier biegen wir links ein auf den *Mosel-Ufer-Radwanderweg*. Zu unserer Linken liegt der Yachthafen, es folgt das alte Weingut „Huesgen", und dann sind es nur noch ein paar Minuten bis zur Einmündung auf das Moselufer, wo Eure Fahrt weiter rechts moselaufwärts führt bis in die Stadt **Traben-Trarbach**, die Ihr nun erreicht habt.

Die Stadt ist sehr alt und geht in ihrem Ursprung – wie die meisten anderen Moselstädtchen – auf keltisch-römische Ursprünge zurück. Ebenso wie in Zell, das auf eine fast 5 000jährige Besiedlung zurückblicken kann, dreht sich auch in Traben-Trarbach alles um den Wein.

Ihr solltet Euch in jedem Fall die Altstadt von Traben ansehen, denn der andere Ortsteil Trarbach liegt auf dem rechten Moselufer. Also müßt Ihr nochmals den Fluß queren, was Euch durchtrainierten Radfahrern überhaupt nichts ausmacht.

In Traben gibt es ein kleines Museum in der „Neuen Rathausstraße", die Zunftscheune, wo Ihr sehr viel erfahren könnt über den Weinanbau an der Mosel und Traben-Trarbach. Auch das Café „Moselschlößchen" beim alten Forstamt am Moselufer wartet mit einer Vielzahl von Ausstellungsstücken auf, so alten Weinkeltern und mächtigen Mostfässern. Wenn Ihr nun der „Neuen Rathausstraße" bergan folgt, gelangt Ihr zur „Poststraße". Dort biegt Ihr rechts ein auf eine Brücke und überquert nun die Mosel. Oberhalb des Moseltals erhebt sich auf einer Bergspitze die Ruine der *Grevenburg*. Auch das *Heimat- und Weinmuseum* in Trarbach ist einen Besuch wert. Hinter der „Brückenschenke„, die sich wie ein Bogen über die Moselbrücke spannt, radelt Ihr rechts in die „Brückenstraße„, die Euch durch die Altstadt von Trarbach führt. Eiscafés locken zum Verweilen, und der Duft gegrillter Bratwurst liegt in der Luft. Jetzt, zum Ende des Radtour, ist das doch die rechte Belohnung. Danach habt Ihr nur noch ein paar Meter zu fahren, und Ihr befindet Euch wieder am Moselufer, wo zahlreiche Bänke, Tische und Stühle auf müde Radfahrerbeine warten.

In der Mosel-Schleuse

Jetzt werdet Ihr natürlich mit Recht fragen, wie Ihr zurück nach Bullay kommt, dem Ausgangspunkt Eurer Tour. Nun meine Freunde, da gibt es zwei Möglichkeiten. Die eine ist die Rückfahrt mit der Bahn ab Traben-Trarbach. Räder werden unbesehen mitgenommen. Das geht schnell und der Zug saust nur so durch das Moseltal und zahlreiche Tunnels. Ehe Ihr Euch verseht, seid Ihr wieder in Bullay. Wenn Euch das gefällt, bitte schön. Jeder so wie er möchte. Unser Herr Weißnicht hat eine viel bessere Idee. Als erfahrener Seemann geht er in Traben-Trarbach an Bord der Mosella, eines tollen Moselschiffes. Die Abfahrtsstellen sind genau da, wo auch der Imbiß steht mit den leckeren Pommes und der Curry-Wurst. Mit der Mosella fahren wir zurück nach Bullay. Und ich kann Euch sagen, es ist eine traumhafte Tour. Ihr erlebt die gesamte Strecke nochmal – auf dem Wasser. Ein einmaliges und wunderschönes Erlebnis, das Ihr Euch auf keinen Fall entgehen lassen solltet. Fast zwei Stunden seid Ihr mit dem Schiff unterwegs, ein wirklich würdiger Abschluß für eine super-coole Radwandertour und ein tolles Erlebnis noch dazu. Die herrliche Eifel-Hunsrück-Mosel-Landschaft zieht an Euch vorbei, wie der Film in einem Kino. Schwäne, Graureiher, Kormorane und Möwen tummeln sich in den Fluten. Fischer holen ihre Reusen ein, Angler versuchen Ihr Glück. Und an den Ufern plantschen die Kleinen und Großen vergnügt im Wasser. Es ist wie ein Märchen, und Märchen, daß wißt Ihr ja, enden niemals.

Alles Gute und unsere besten Wünsche an Euch und Eure Eltern

Herzlichst von Herrn Weißnicht, Barbara und Hans Joachim

i

Wie kommt man nach Bullay?
Am besten mit der Deutschen Bahn. Von Köln aus über Koblenz oder von Trier über Wittlich nach Bullay. Die hat einen sehr hübschen Bahnhof, nicht nur in Bullay.
Wem das nicht behagt, der fährt mit dem Auto. Abfahrt A 48 Wittlich, dann über die B 49 bis Bullay. Oder die B 49 von Koblenz aus das Moseltal aufwärts bis Bullay.

Weglänge:	28 km

Wein- und Heimatmuseum Zell (Balduinstraße 44, im Rathaus)

Öffnungszeiten:	15. Mai bis Ende November mittwochs und samstags 15.00 – 17.00 Uhr
Eintritt:	frei
Auskünfte:	Tourist-Information Zeller Land Rathaus, Telefon 0 65 42/7 01 22 und /40 31 Personen-Schiffahrt Gebr. Kolb oHG, Briedern/Mosel, Telefon 0 26 73/15 15
Einkehrmöglichkeiten:	Eis-Café Venezia, Zell/Mosel, Café Hamm in Merl (am Ufer-Radweg), Imbiß „Moselblick“, Zell (an der Schiff-Abfahrtsstelle), Gaststätte Moselblick (am Campingplatz), Pünderich, Campingplatz Moselland, Weingut – Gästehaus Emil Dauns, Reil/Mosel, (Radfahrer willkommen), Pension „Haus Karina“, Reil, Restaurant „Zum Römer“, Reil (alle direkt am Ufer-Radweg!),

Gaststätte-Pension, H. Josef Scherrer, Reil/Mosel (Übernachtung für Radfahrer und Fahrräder, gute Küche),
Café-Restaurant Moselschlößchen
(direkt am Ufer-Radweg hinter dem Alten Forstamt, herrlicher Innenhof),
„Alte Zunftscheune", auch Kleines Museum, Neue Rathausstraße,
Brückenschenke, über der Moselbrücke in Trarbach,
zahlreiche Lokale, Eiscafés und Gaststätten in der Altstadt,
Imbiß am Moselufer gegenüber der Abfahrtsstelle KD = Köln-Düsseldorfer

Tips:
Fahrt mit dem Schiff oder Fahrrad zur Reichsburg Cochem, moselabwärts.
Ausflug zur Burg Pyrmont bei Roes/Eifel.
Freizeitpark Bell in Bell, Hunsrück-Höhen-Straße oder Tierpark, Spiele und Spaß für alle Altersgruppen.
Tagesausflug nach Trier über Bernkastel-Kues mit dem Schiff.

Kartenempfehlung:
1: 100 000 Landesvermessungsamt Rheinland-Pfalz, Radwanderkarte, Radwandern in Rheinland-Pfalz, Blatt West

Fahrradverleih und Reparatur

Natursport Eifel
Schwammenaueler Straße 30
52396 Heimbach-Hasenfeld
Telefon 0 24 46/13 52

Mountain-Bike-Verleih
Simonskall 21
52393 Hürtgenwald
Telefon 0 24 29/71 59

Naturschutzzentrum Nordeifel
Römerplatz 8 – 10
53947 Nettersheim
Telefon 0 24 89/12 46

Fahrräder Gerolstein
Am Bahnhof
54568 Gerolstein
Telefon 0 65 91/35 01
(nur 1. April bis 31. Oktober)

Verkehrsamt Gerolsteiner Land
Kyllweg
54568 Gerolstein
Telefon 0 65 91/13 80, -81, -82

Ritzel-Sport
Fahrrad Fachgeschäft
Jesuitenstraße 25
53574 Bad Neuenahr-Ahrweiler
Telefon 0 26 41/7 88 93

Zweirad Schneider GmbH
Kottenheimer Weg 35
56727 Mayen
Telefon 0 26 51/94 72 94

Fahrrad Fachgeschäft
Klaus Jürgen
Hauptstraße 5
56856 Zell-Merl
Telefon 0 65 42/25 89

Zweiradhandlung Nöllen
Fun Bike Nöllen
Trierer Straße 1
54550 Daun
Telefon 0 65 92/38 83

Fahrradfachgeschäft
Kurt Offermann
Hengstbrüchelchen 50
52156 Monschau-Imgenbroich

Rottländer-Träger
56294 Münstermaifeld
Telefon 0 26 05/33 33

(montags bis freitags	8.00 – 18.00 Uhr
samstags und sonntags	nach Voranmeldung)

Mertloch
Gasthaus Adams
Telefon 0 26 54/72 92
(mittwochs Ruhetag)

Polch
Mega-Bike G. Weber
Telefon 0 26 54/33 40

Naunheim
Gasthaus Port
Telefon 0 26 54/75 50

Fahrradverleih-Reparatur
Willy Thönnes
Kölner Straße 30
53940 Hellenthal
Telefon 0 24 82/29 68

Eifel-Express Ochtendung
Am Bahnhof
Telefon 0 26 25/49 19

Rotländer-Träger
Münstermaifeld
Telefon 0 26 05/33 33

Der Eifelverein

Mit 30 000 Mitgliedern zählt der Eifelverein zu den größten Vereinen im Verband Deutscher Gebirgs- und Wandervereine. Gegründet wurde der traditionsreiche Verein bereits 1888. Direkt nach dem Zweiten Weltkrieg, der gerade in der Eifelregion tiefe Spuren der Verwüstung hinterlassen hatte, nahm der Verein seine Tätigkeit wieder auf. Inzwischen besteht der Gesamtverein aus 158 Ortsgruppen. Wandern ist immer noch die Nummer eins im Tätigkeitskatalog des Eifelvereins. Es wird nicht nur als Selbstzweck betrieben, auch als Mittel zum Zweck: Freude an körperlicher Bewegung, Begegnung mir der Landschaft. Natur und Kultur und nicht zuletzt die in der Gemeinschaft gewonnenen Erfahrungen schaffen die Wertvorstellungen, für die sich der Verein heute einsetzt.

Wofür setzen sich die Mitglieder des Eifelvereins ein?

Die Mitglieder des Eifelvereins wollen eine umwelt- und sozialfreundliche Entwicklung der Eifel fördern und mitgestalten, die in Einklang steht mit den Erfordernissen des Schutzes dieser einmaligen Natur- und Kulturlandschaft. Daher engagieren sie sich in folgenden Bereichen: Wanderungen und Exkursionen, Naturschutz und Landschaftspflege, Denkmalschutz und Denkmalpflege, Heimat- und Brauchtumspflege, strukturelle Förderung, Pflege internationaler Beziehungen zu den Nachbarländern, Begeisterung der Jugend für die Vereinsarbeit. Der Eifelverein betreut und markiert mit seinen Ortsgruppen ein ausgedehntes Netz von Wanderwegen. Hier kann jeder Erholungssuchende die Schönheiten der Eifel mühelos auf eigene Faust entdecken. Für die regional und überregional markierten Wanderwege gibt er inzwischen über 60 Karten in den Maßstäben 1 : 25 000 und 1 : 50 000 heraus. Die Ortsgruppen bieten regelmäßig geführte Wanderungen in der Eifel an, ferner stehen Ferienwanderungen in allen deutschen Mittelgebirgen und in den reizvollsten Wandergebieten des Auslandes auf dem Programm. Es werden Wanderungen zu bestimmten Themen, für verschiedene Altersgruppen, aber auch mit dem Rad durchgeführt.

Zwei Anliegen, die zusammengehören: Wandern und Umwelt
Der Eifelverein setzt sich für den Umwelt-, Natur- und Artenschutz ein. Durch Mitarbeit in den zuständigen Beiräten und durch den Einsatz seiner Mitglieder unter der Leitung engagierter Naturschutz- und Kulturwarte, die – wie die Wander-, Jugend- und Wegewarte – in Seminaren für ihre Aufgaben geschult werden, sollen Spannungsfelder zwischen Ökonomie und Ökologie abgeschwächt werden mit dem Ziel, eine höhere Lebensqualität in der Eifel ohne Umweltschädigungen zu sichern. Als besonderer Anreiz ist für die Ortsgruppen dabei der „Konrad-Schubach-Naturschutzpreis" zu werten, der alle zwei Jahre, dotiert mit DM 5.000,–, vergeben wird.

Eifelgeschichte und Brauchtum lebendig erhalten
Durch das Bewußtmachen der Schönheit und Vielfalt der Eifel soll das Zusammengehörigkeitsgefühl ihrer Bewohner gestärkt und die Eifel den Menschen als Heimat erfahrbar gemacht werden. In den Veranstaltungen der Orts- und Bezirksgruppen des Eifelvereins werden Brauchtum, Liedgut und Volkstanz gepflegt. Der Eifelverein unterhält das Landschaftsmuseum in der Genovevaburg in Mayen, in der auch seine Bibliothek mit über 7 000 Bänden aller Wissensgebiete über die Eifel untergebracht ist, und die Niederburg in Manderscheid.

Wandern ohne Grenzen im Dreiländereck
Die Grenzlage der Eifel führte nach dem Krieg zum Gedankenaustausch mit Persönlichkeiten aus Belgien, Luxemburg, Frankreich und Deutschland mit dem Ziel, die kulturelle und wirtschaftliche Struktur des Eifel-Ardennen-Raumes weiter zu entwickeln. Der Eifelverein ist auf deutscher Seite Träger der Europäischen Vereinigung für Eifel und Ardennen, Mitglied in der Europäischen Wanderbewegung e. V. und wirkt im Deutsch-Luxemburgischen und Deutsch-Belgischen Naturpark sowie in der Stiftung Euregio Maas-Rhein aktiv mit. Zum grenzenlosen Wandern in diesem geographisch zusammengehörigen Raum sind durch die internationale Zusammenarbeit die besten Voraussetzungen geschaffen worden. Dem Wanderer in Eifel, Venn und Ardennen sind eigentlich keine Grenzen gesetzt.

Jugendarbeit wird im Eifelverein großgeschrieben
Die Jugendlichen an die Ziele des Eifelvereins heranzuführen, ist Aufgabe der Deutschen Wanderjugend im Eifelverein. Zeltlager, Seminare, Tanz und Pantomime, internationale Jugendtreffs, Umwelt-

schutzaktionen u. a. im vereinseigenen Jugendferienheim am Ufer der Rurtalsperre Schwammenauel bei Simmerath-Woffelsbach gehören zu den vielseitigen Freizeitaktivitäten für Jugendliche. Natürlich ist auch „Familienwandern" ein hochaktuelles Thema im Eifelverein. Wie alle Wandervereine muß auch der Eifelverein sich angesichts steigender Überalterung der Mitgliederstruktur Gedanken machen, wie er sich Nachwuchs heranziehen kann. Eine gute Jugendarbeit bis hin zu familienfreundlichen Angeboten ist der Weg in die Zukunft.

Große Auswahl von Büchern und Karten über die Eifel

Der Eifelverein betätigt sich auch in größerem Umfang als Verlag und Herausgeber von Wanderkarten. Die Schriftenreihe „Die Schöne Eifel" informiert in verschiedenen Ausgaben über Brauchtum, Geschichte, Kunstwerke und Pflanzenwelt in einzelnen Eifelregionen. Der neue kompakte Eifelführer erleichtert die Durchquerung der Eifel per pedes oder auch mit dem Fahrrad mit einer Fülle von Informationen über die Eifel und alles Wissenswerte zum Thema Wandern in dieser schönen Region. Die Vereinszeitschrift „Die Eifel" berichtet sechsmal pro Jahr über das aktuelle Geschehen in der Eifel und ihre Geschichte, Landschaft und Natur. Darüber hinaus veröffentlicht der Eifelverein das Eifel-Jahrbuch sowie Wanderfibeln für ausgewählte Regionen.

Hauptgeschäftsstelle des Eifelvereins
Stürtzstraße 2 – 6
52349 Düren
Telefon 0 24 21/1 31 21
Telefax 0 24 21/1 37 64
E-mail: Eifelverein.DN@online.de

120 Seiten, 42 Zeichnungen, 17 Kartenskizzen

Wir laden Sie ein, mit uns in den Alltag vergangener Zeiten einzutauchen. In kindgerechter, verständlicher Form entwirft Edmund Kühnel Stimmungsbilder aus der Ritterzeit, die Kinder und Eltern gleichermaßen in ihren Bann ziehen. Er beantwortet Fragen nach dem Speiseplan und den Eßgewohnheiten der damaligen Zeit, erklärt, welche Kleidung getragen wurde, wie bestimmte Bräuche und Sprichwörter entstanden sind und vieles mehr. Darüber hinaus enthält der Band informative Skizzen und Wegbeschreibungen für Ihren Ausflug sowie Hinweise auf Feuerstellen, kulinarische Empfehlungen für das Picknick und viele Infos zu den einzelnen Burgen.

144 Seiten, 29 Schwarzweißfotos, 6 Kartenskizzen

In diesem Titel der Entdecken-Reihe richten wir unser Augenmerk auf ein Element, das Kinder schon immer fasziniert hat: Das Wasser. Renate Florl stellt es uns in seinen zahlreichen unterschiedlichen Erscheinungsformen vor:

Wasser als Lebensraum und Lebensmittel;

Wasser unter der Erde, z. B. in Höhlen;

Wasserkraft in Form von Stauseen und Mühlen;

Wasser als Transportmittel;

Wasserfälle, Flüsse und Quellen;

Wasser, das einlädt zum Spielen, experimentieren und plantschen – das einfach Spaß macht.

128 Seiten, 29 Schwarzweißfotos, 14 Kartenskizzen

Ein Drittel der Fläche des Saarlandes ist mit Wald bedeckt, und neben landschaftlichen Schönheiten gibt es für Familien noch eine Menge anderer Dinge zu entdecken. Auf der Burgruine Montclair läßt die kindliche Phantasie die Lebenswelt der alten Ritter wiedererstehen, und kleine Tierfreundinnen und -freunde kommen im Saarbrücker Wildpark und im Wolfsgehege bei Merzig auf ihre Kosten.

108 Seiten, 29 Schwarzweißfotos

„Spaß für und mit Kindern" – das ist das Motto Heinz R. Wittners, der selbst Kinder hat und im Pfälzerwald-Verein aktiv ist. Bei insgesamt 26 Ausflügen wird die Geschichte der Pfalz lebendig. Sie sehen, wie die Römer kelterten und Steine brachen, Sie besteigen Burgen, wandern zu markanten Felsen oder fahren mit der Grubenbahn in ein Kalkbergwerk.

168 Seiten, 33 Schwarzweißfotos, 18 Kartenskizzen

Der romantische Mittelrhein ist wie geschaffen für erlebnisreiche Ausflüge mit der ganzen Familie. Eine große Anzahl mittelalterlich anmutender Burgen lädt zu Besichtigungen ein, enge Schluchten und aussichtsreiche Höhenlagen lernen wir auf abenteuerlichen Pfaden kennen. Renate Florl ist es mit dem vorliegenden Wanderführer wieder einmal in bewährter Weise gelungen, die attraktivsten Ausflugsziele familiengerecht zu präsentieren. Mit den detaillierten Routenbeschreibungen und übersichtlichen Kartenskizzen finden sich auch ungeübte Wanderer schnell zurecht – und das ist die beste Voraussetzung für einen gelungenen Ausflug.

144 Seiten, 28 Schwarzweißfotos, 19 Kartenskizzen

Als sanft geschwungene Höhe erhebt sich der Taunus über die Rhein-Main-Ebene. Weite, ruhige Wälder bedecken ihn und man kann an Bächen durch romantische Täler wandern. Kaum eine andere Mittelgebirgslandschaft weist eine solche Fülle von Kulturdenkmalen auf wie der Taunus: mittelalterliche Burgen, ehemalige Residenzstädte wie Bad Homburg, Idstein, Weilburg und Wiesbaden sowie die vielgestaltigen Museen laden zu Besuchen ein. Der Pfahlgraben, die ehemalige Grenze des Römerreichs, ist besonders gut erhalten und führt in eine ferne und fremde Vergangenheit; aber auch Burgen, Höhlen und Quellen fehlen nicht in diesem breitgefächerten Angebot an Unternehmungen für die ganze Familie.

156 Seiten, 29 Schwarzweißfotos, 9 Kartenskizzen

Das Gebiet in und um den Odenwald ist eine beliebte Wanderregion. Daß es dort auch für Kinder Interessantes zu entdecken gibt, beweist der vorliegende Reiseführer. Abwechslungsreiche und spannende Ziele sorgen dafür, daß keine Langeweile aufkommt. Es ist für jeden Geschmack etwas dabei: Tropfsteinhöhlen, Ruinen und Hochmoore; seltene Tiere und exotische Pflanzen; Sagen von Hexen und „wilden Leuten"; ein Besuch im prächtigen Heidelberger Schloß u. v. m.

120 Seiten, 28 Schwarzweißfotos

Für Familien mit Kindern gibt es im Hohenloher Land viel zu erwandern und zu erleben. Ob bei der Fossiliensuche rund um Kirchberg, einem Besuch auf dem Schweinemarkt in Blaufelden oder im Freilandmuseum von Wackershofen – der Ausflug bleibt für alle ein unvergeßliches Erlebnis.

132 Seiten, 29 Schwarzweißfotos, 10 Kartenskizzen

Das gebirgige Land zwischen Werra und Fulda, zwischen dem Kreuzberg und dem Hessischen Kegelspiel hält eine Fülle an Überraschungen bereit. Die Rhön ist gerade für Kinder eine nahezu unerschöpfliche Fundgrube an immer neuen Entdeckungen. Burgen und Klöster beflügeln als Überbleibsel längst vergangener Zeiten die Phantasie, und neben der reichen Flora und Fauna gibt es auch gewaltige Felsformationen zu bestaunen. Die zahlreichen Touren, die unser Autor Gerrit-Richard Ranft für Sie zusammengestellt hat, sind speziell auf die Bedürfnisse von Kindern ausgerichtet und werden durch einen ausführlichen Infoteil am Ende jedes Kapitels sinnvoll ergänzt.

144 Seiten, 33 Schwarzweißfotos, 11 Kartenskizzen

Zwischen Marktredwitz und Regensburg hat unser erfahrener Autor und Wanderführer Reinhard Müller zusammen mit seinen Kindern die 26 tollsten Ausflugsziele ausgesucht. Erleben Sie mit ihnen eine einzigartige Führung durch ein Wurzelmuseum, eine Schloßbesichtigung mit dem Schloßherrn persönlich und staunen Sie über die Sammlung verschiedener Knöpfe im einzigen Knopfmuseum Deutschlands – erwandern Sie aber auch herrliche Landschaften und beschauliche Dörfer. Die Beschreibungen und Skizzen machen es Ihnen leicht, diese bis jetzt noch fast unbekannte Landschaft zu einem Ausflugsgebiet erster Wahl zu machen.

132 Seiten, 30 Schwarzweißfotos

Es gibt vieles zu sehen, zu erleben und zu wandern in und um Stuttgart. Warum z. B. nicht mal den Sterngucker besuchen oder mit der S-Bahn ins Mittelalter fahren? Oder doch lieber ins Porsche-Museum gehen, mit dem nostalgischen Dampfzug durchs Strohgäu fahren oder den Geburtstag auf dem Flughafen feiern? Insgesamt 25 Tips für Ausflüge mit Kindern zu jeder Jahreszeit und bei jedem Wetter, mit Hinweisen auf Einkehr-, Grill- und Spielmöglichkeiten garantieren einen gelungenen Ausflug, der außerdem mit den öffentlichen Verkehrsmitteln günstig zu realisieren ist.

112 Seiten, 40 Schwarzweißfotos

Familien mit Kindern finden in 25 Kapiteln interessante Wanderungen auf den Spuren von Flößern, Waldbauern und Rittersleuten im Nordschwarzwald. Die Sehenswürdigkeiten werden kurz geschildert, aber auch Rastplätze mir Feuerstellen, Einkehrmöglichkeiten und Kinderspielplätze werden erwähnt.